The ESSENTIALS®

Spanish

Ricardo Gutiérrez Mouat, Ph.D.
Professor, Spanish Department
Emory University
Atlanta, Georgia

Research & Education Association
Visit our website at
www.rea.com

Research & Education Association
61 Ethel Road West
Piscataway, New Jersey 08854
E-mail: info@rea.com

THE ESSENTIALS®
OF SPANISH

Published 2009

Copyright © 2007, 2000, 1998, 1994 by
Research & Education Association, Inc. All
rights reserved. No part of this book may be
reproduced in any form without permission
of the publisher.

Printed in the United States of America

Library of Congress Control Number 2006928330

ISBN-13: 978-0-87891-928-4
ISBN-10: 0-87891-928-7

What REA's Essentials®
Will Do for You

This book is part of REA's celebrated *Essentials*® series of review and study guides, relied on by tens of thousands of students over the years for being complete yet concise.

Here you'll find a summary of the very material you're most likely to need for exams, not to mention homework— eliminating the need to read and review many pages of textbook and class notes.

This slim volume condenses the vast amount of detail characteristic of the subject matter and summarizes the **essentials** of the field. The book provides quick access to the important principles, vocabulary, grammar, and structures in the language.

It will save you hours of study and preparation time.

This *Essentials*® book has been prepared by experts in the field and has been carefully reviewed to ensure its accuracy and maximum usefulness. We believe you'll find it a valuable, handy addition to your library.

Larry B. Kling
Chief Editor

CONTENTS

Chapter 5
COMPARISON OF ADJECTIVES AND ADVERBS

Chapter 6
VERBS

Chapter 7
IRREGULAR VERBS

Chapter 8
IMPERFECT VS. PRETERITE

Chapter 9
THE SUBJUNCTIVE

Chapter 10
PAST AND PRESENT PARTICIPLES

Chapter 11
VERBS: COMPOUND TENSES

Chapter 12
THE VERB "TO BE": *SER* OR *ESTAR*

Chapter 13
CLASSES OF VERBS

Chapter 16
PERSONAL PRONOUNS

Chapter 17
OTHER PRONOUNS

Chapter 18
PREPOSITIONS AND CONJUNCTIONS

Chapter 19
AFFIRMATIVES AND NEGATIVES

Chapter 20
NUMERALS

Chapter 21
BASIC VOCABULARY

GLOSSARY

CHAPTER 1

Alphabet and Sounds

1.1 The Alphabet

Spanish uses the same Latin alphabet as English except for the addition of four letters:

ch   pronounced like "ch" in "chief"
ll   pronounced like the "y" in "beyond"
ñ   pronounced like "ni" in "opinion"
rr   pronounced as a trilled or "rolling" sound (no English equivalent)

1.2 Consonants

c   sounds like "s" before "e" and "i," and like "k" in all other cases.

g   sounds like the "h" in "humid" before "e" and "i," and like the "g" in "go" or "get" in front of "a," "o," and "u." In order to obtain the hard sound before "e" and "i," Spanish interpolates the vowel "u": *guerra, guión*. In these cases the "u" is silent; a dieresis indicates that it must be pronounced: *vergüenza, güero*.

h   is always silent: *ahora, húmedo, horrible*.

1

v   is pronounced like "b" in all cases.

y   sounds like "ll" at the beginning of a word or syllable. When it stands alone or comes at the end of a word, it is equivalent to the vowel "i."

z   is pronounced like "s."

(This pronunciation guide follows Latin American usage. In Castilian Spanish the soft "c" and the "z" are pronounced like "th" in "thin.")

Letter		Spanish Example	English Example
b	[b]	*bomba*	boy
c	[k]	*calco*	keep
	[s]	*cero*	same
ch	[tʃ]	*mucho*	chocolate
d	[d]	*andar*	dog
f	[f]	*fama*	fake
g	[x]	*general*	humid
	[g]	*rango*	get
h	always silent	*hombre*	honor
j	[x]	*justo*	humid
k	[k]	*kilogramo*	kite
l	[l]	*letra*	light
ll	[ʎ]	*ella*	beyond
m	[m]	*mano*	mad
n	[n]	*pan*	no
ñ	[ŋ]	*uña*	onion
p	[p]	*padre*	poke
q	[k]	*que*	kite
r	[r]	*rápido*	(These have a trilled or
rr	[rr]	*perro*	"rolling" sound with no English equivalent.)
s	[s]	*casa*	some
	[z]	*mismo*	rose
t	[t]	*patata*	tame
v	[b]	*vamos*	boy

x	[ks]	*máximo*	fox
y	[j]	*yo*	yes
z	[s]	*zapato*	same

1.3 Vowels

The sounds of the Spanish vowels are invariable.

a	sounds approximately like "a" in "ah";
e	sounds approximately like "e" in "men";
i	sounds approximately like "ee" in "eel";
o	sounds approximately like "o" in "or";
u	sounds approximately like "oo" in "moon."

Letter		Spanish Example	English Example
a	[a]	*pata*	father
e	[e]	*pelo*	men
i	[i]	*filo*	eel
o	[o]	*poco*	or
u	[u]	*luna*	moon

1.3.1 Diphthongs

A combination of one strong (a, e, o) and one weak vowel (i, u) or of two weak ones is a diphthong and counts as one syllable:

ai, ay	*aire, hay*	pronounce like "eye"
ei, ey	*reino, ley*	pronounce like "may"
oi, oy	*oigo, hoy*	pronounce like "toy"
iu	*triunfo*	pronounce like "you"
ui, uy	*cuidar, muy*	pronounce like "Louie"
ue	*hueso, muerte*	pronounce like "west"

1.4 Stress and Accent Marks

There are two basic rules that indicate stress in Spanish. If either of these two rules is broken, a written accent mark will appear over the word.

a) If a word ends in a vowel, *–n*, or *–s*, the normal stress is on the **penultimate** (next to last) syllable.
esposa (over the *–o*)
clase (over the *–a*)
crimen (over the *–i*)

b) If a word ends in any other letter (than those mentioned above), the normal stress will fall on the last syllable.
hablar (over the *–a*)
papel (over the *–e*)
nivel (over the *–e*)

c) Some one-syllable words will be accented according to their grammatical function.
mi (possessive adjective) vs. *mí* (prepositional pronoun)
mas (but–conjunction) vs. *más* (more–adverb)
si (if) vs. *sí* (yes)
se (reflexive pronoun) vs. *sé* (I know–verb)
tu (possessive adjective) vs. *tú* (subject pronoun)
el (article) vs. *él* (subject pronoun)

1.5 Syllabic Division

A consonant between two vowels joins the second vowel to form a syllable: *li-te-ra-tu-ra, e-ne-mi-go, a-ho-ra*;

- two consonants together must be separated: *cuer-no, pac-to*;

- "ch," "ll," and "rr" are considered one letter and are not separated;

- "l" or "r" preceded by "b," "c," "d," "f," "g," "p," and "t" are not separated: *ha-blar, a-brup-to, te-cla, pul-cri-tud, me-lo-dra-ma, in-flu-yo, a-gra-de-cer*;

- "ns" and "bs" are not separated in groups of three or four consonants: *ins-cri-bir, obs-tá-cu-lo*;

- in words formed with prefixes, the prefix stands alone as one syllable: *sub-ra-yar, in-ú-til, des-a-gra-dar*.

CHAPTER 2

Articles

2.1 Forms of the Definite Article

The forms of the definite article are:

	Masculine	Feminine
Singular	*el*	*la*
Plural	*los*	*las*

2.1.1 Masculine Article with Feminine Nouns

El is used instead of *la* before feminine nouns beginning with stressed "a" or "ha": *el agua, el hacha, el alma, el hambre.*

2.1.2 Contractions

El contracts to *al* when the article follows the preposition *a* (*a + el*) and to *del* when the article follows the preposition *de* (*de + el*).

2.2 Uses of the Definite Article

The definite article is used in Spanish (but not in English):

* when the noun represents an abstraction: **life** is short; **time** is money; **freedom** is worth fighting for; **politics** is a practi-

cal art. (In Spanish: *la vida, el tiempo, la libertad, la política.*);

- when the noun includes the totality of a category: **books** are good; **man** is mortal; the Incas were acquainted with **gold**; **bread** is a staple. (In Spanish: *los libros, el hombre, el oro, el pan.*);

- with the days of the week (except after a form of the verb *ser*) and the seasons of the year: *el lunes* (but *hoy es lunes*), *la primavera, el otoño*;

- with the hours of the day: *son las tres de la tarde*; *a las doce del día* (or *al mediodía*);

- with personal or professional forms of address in the third person: *el señor Jiménez, la señorita Méndez, el doctor Márquez, el licenciado Vidriera.* (It is omitted when the individual is directly addressed and in front of titles such as *Don, Doña, San,* or *Santo[a]: venga, señor Jiménez; no se preocupe, señorita Méndez*);

- with the parts of the body or articles of clothing instead of the possessive adjective: I brushed **my** teeth. *Me cepillé los dientes.* I put on **my** shirt. *Me puse la camisa.*

- with the names of languages except after the prepositions *en* and *de* and the verb *hablar*: *el francés es difícil* (but *no hablo francés; ese texto está en francés*).

2.3 The Neuter Article *Lo*

The neuter article is neither feminine nor masculine. In Spanish this is expressed by *lo* (which can also be used as the masculine direct object). However, as the neuter article, it remains invariable exclusively in the singular and is used as follows:

a) *lo* + adjective = part/thing
    lo importante – the important part/thing

lo mejor – the best part/thing

b) **lo** + adjective/adverb + *que* = how

Tú no sabes lo importante que es. You don't know **how** important it is.
Ella no entiende lo cansadas que estamos. She doesn't know **how** tired we are.

2.4 Forms of the Indefinite Article

The indefinite article must agree in gender and number with the noun it modifies. Its forms are the following:

	Masculine	**Feminine**
Singular	*un*	*una*
Plural	*unos*	*unas*

- *un perro* – a dog
- *unos perros* – some dogs

Note that feminine nouns beginning with a stressed "a" or "ha" take *un* instead of *una*: **un** *alma*, **un** *hacha*, **un** *hada madrina*. This rule only applies if the noun is singular.

2.5 Uses of the Indefinite Article

In Spanish, the indefinite article is omitted (but not in English):

- after the verb *ser* with nouns denoting profession, religion, or nationality: *soy profesor, son católicos, es argentina.* (This rule does not apply when the noun is followed by an adjective or some other modifier: *soy un profesor exigente*);

- with words such as *otro* (other), *medio* (half), *cien* (one hundred or a hundred), *mil* (one thousand or a thousand): *tengo otro amigo en el país; mide un metro y medio; cuesta mil dólares.*

7

CHAPTER 3

Nouns

3.1 Gender

In Spanish, nouns are either masculine or feminine. Most nouns ending in *-o* or *-or* are masculine and most of those ending in *-a* or *-d* are feminine.

Masculine	Feminine
el calor – heat	*la vida* – life
el dinero – money	*la rosa* – rose
el amor – love	*la jaula* – cage
el otoño – fall	*la verdad* – truth

Many masculine nouns become feminine by changing the *-o* ending to *-a* or by adding an *-a* if the word ends in a consonant:

Masculine	Feminine
el escritor – the writer	*la escritora* – the writer (female)
el doctor – the doctor	*la doctora* – the doctor (female)
el hijo – the son	*la hija* – the daughter
el muchacho – the young man	*la muchacha* – the young woman

3.1.1 Exceptions

A few common words ending in -*o* are feminine*:

la mano – the hand
la foto (la fotografía) – the photo, picture
la moto (la motocicleta) – the motorcycle

* Likewise, some words ending in –*a* are masculine: *el día* – the day

The majority of words ending in -*ma*, -*pa*, -*ta* are masculine:

el poema – the poem	*el poeta* – the poet
el drama – the play, drama	*el problema* – the problem
el fantasma – the ghost	*el mapa* – the map
el idioma – the language	

There are also other ways of forming the feminine than by adding an -*a* ending:

Masculine	Feminine
el rey – the king	*la reina* – the queen
el actor – the actor	*la actriz* – the actress
el poeta – the poet (male)	*la poetisa* – the poet (female)
el gallo – the rooster	*la gallina* – the hen

Sometimes the masculine and feminine words corresponding to a matched pair of concepts are different:

Masculine	Feminine
el yerno – the son-in-law	*la nuera* – the daughter-in-law
el macho – the male	*la hembra* – the female
el toro – the bull	*la vaca* – the cow

3.1.2 Nouns of Invariable Gender

Some nouns can be either masculine or feminine depending on their context or reference, without undergoing any formal alterations.

Masculine	Feminine
el artista – the artist (male)	*la artista* – the artist (female)
el estudiante – the student	*la estudiante* – the student (female)
el joven – the young man	*la joven* – the young woman

3.1.3 Gender and Meaning Change

There are nouns that have different meanings depending on whether they are used as masculine or feminine:

el policía – the policeman	*la policía* – the police (force)
el Papa – the Pope	*la papa* – the potato
el cometa – the comet	*la cometa* – the kite
el orden – order (as in public order)	*la orden* – the order (to do something)
el cura – the priest	*la cura* – the cure
el guía – the guide (person)	*la guía* – the guide (book, as in *guía de teléfonos*)
el frente – the front	*la frente* – the forehead

3.2 Number

In Spanish, as in English, nouns can be singular or plural. The most common way to form the plural is by adding the *-s* ending to the singular form of the word. (Note that the following examples are of words ending in an unstressed vowel.)

Singular	Plural
hombre – man	*hombres* – men
niño – boy	*niños* – boys
perro – dog	*perros* – dogs

3.2.1 Formation of the Plural by Addition of *-es*

In other cases (words ending in a consonant or in a stressed vowel other than *-é*) the plural is formed by adding an *-es* ending to the singular form of the word:

Singular	Plural
mujer – woman	*mujeres* – women
razón – reason	*razones** – reasons
jabalí – boar	*jabalíes* – boars
nuez – nut	*nueces*** – nuts

Exceptions: *mamá* (mother), pl. *mamás*; *ley* (law), pl. *leyes*.

* Note that *razón* does not need an accent mark in the plural form *razones* because when a word ends in *-n* or *-s* the normal stress is on the penultimate syllable.
** Note the spelling change from "z" to "c."

3.2.2 Nouns of Invariable Number

Nouns ending in *-s* are the same in the singular and the plural if the final syllable is unstressed:

el (los) rascacielos	the skyscraper(s)
el (los) paraguas	the umbrella(s)
el (los) lunes	Monday(s)

3.3 Diminutives

The Spanish endings *-ito, -cito* and their feminine forms are used to indicate affection or to emphasize smallness of size:

*Tú eres mi **amor**.* You are my **love**.
*Tú eres mi **amorcito**.* You are my **sweetheart**.

*Quiero chocolate. Dame un **poco**.* I want chocolate. Give me **some**.
*Quiero chocolate. Dame un **poquito**.* I want chocolate. Give me **a little**.

*Ese **hombre** tiene buen aspecto.* That **man** is good looking.
*Ese **hombrecito** debe ser muy desgraciado.* That **poor man** must be very unfortunate.

11

3.4 Augmentatives

The endings *-ote, -ón,* and *-ona* are added to express increased size:

hombre – man	*hombrón* – big man
mujer – woman	*mujerona* – big woman
casa – house	*casona* – big house

CHAPTER 4

Adjectives

4.1 Gender

Adjectives agree in gender and number with the noun they modify.

a) Adjectives ending in *-o* change their ending to *-a* when they modify a feminine noun:

rubio, rubia – blond; *gordo, gorda* – fat; *bello, bella* – beautiful

Note: Some adjectives ending in *-o* drop the *-o* in front of a masculine singular noun: *bueno, buen.*

b) Adjectives ending in *-or* (or *-ón* or *-án*) add an *-a* to become feminine:

hablador, habladora – talkative

Exceptions:

mejor – better
superior – upper, superior
exterior – outer, external
anterior – earlier, anterior

peor – worse
inferior – lower, inferior
interior – inner, internal
posterior – later, posterior

c) Most other adjectives have the same ending for both genders:

verde – green   *grande* – big, great
azul – blue   *frágil* – fragile
cortés – courteous   *soez* – mean, vile

d) Adjectives of nationality have four forms.

alemán, alemana, alemanes, alemanas
francés, francesa, franceses, francesas

Note: the accent is dropped in all forms but the masculine singular.

4.2 Number

a) Adjectives ending in a vowel add an *–s* to form the plural:

bello, bellos – beautiful; *grande, grandes* – big, great

b) Adjectives ending in a consonant add *-es* to form the plural:

azul, azules – blue; *débil, débiles* – weak; *vulgar, vulgares* – vulgar

c) If an adjective modifies more than one noun and one of those nouns is masculine, the adjective must be **masculine** and **plural**:

*Mis tíos y tías eran **ricos**.* My uncles and aunts were **rich**.

*Los hombres y las mujeres son **viejos**.* The men and women are **old**.

4.3 Shortening of Adjectives

A number of common adjectives apocopate by either dropping the final vowel or final syllable.

a) The following adjectives drop the final vowel **before** a masculine singular noun or combination of adjective and masculine noun.

alguno	*algún*	(some)	*algún escritor*
ninguno	*ningún*	(no)	*ningún día*
uno	*un*	(a, an)	*un libro*
primero	*primer*	(first)	*el primer chico*
tercero	*tercer*	(third)	*el tercer ejemplo*
bueno	*buen*	(good)	*un buen coche*
malo	*mal*	(bad)	*un mal niño*

b) *Grande* becomes **gran** before any singular noun. Its meaning changes to **great** in this position.

una gran mujer	vs.	*unas grandes mujeres*
un gran soldado	vs.	*unos grandes soldados*

c) *Ciento* becomes **cien** before any plural noun or any number larger than 100 (*cien, millones*).

cien casas	100 houses
cien millones de dólares	100 million dollars

d) *Santo* becomes **san** before all male saints except ones beginning with *to* or *do*: *San Juan, San Diego, Santo Domingo*. It also has a feminine form: *Santa Teresa*

4.4 Qualifying Adjectives

Qualifying adjectives usually follow the noun:

un día frío – a **cold** day

*unas sábanas **limpias*** – some **clean** sheets

4.4.1 Change of Meaning with Location

Some common adjectives change their meaning with their location:

*el hombre **pobre*** – the poor man (having no money)
*el **pobre** hombre* – the poor man (pitiable)
*el policía **mismo*** – the policeman himself
*el **mismo** policía* – the same policeman
*mi amigo **viejo*** – my old (aged) friend
*mi **viejo** amigo* – my old (former) friend
*un coche **nuevo*** – a (brand) new car
*un **nuevo** coche* – a (different) new car

4.5 Determinative Adjectives

Subject	Singular	Plural	
yo	*mi*	*mis*	my
tú	*tu*	*tus*	your
usted	*su*	*sus*	your
él /ella	*su*	*sus*	his/her
nosotros	*nuestro/a*	*nuestros/as*	our
vosotros	*vuestro/a*	*vuestros/as*	your
ustedes	*su*	*sus*	your
ellos/ellas	*su*	*sus*	their

These adjectival forms **precede** the noun: ***mi** libro, **tu** pupitre, **su** trabajo, **nuestra** organización.*

Possessive adjectives have modified forms when they follow the noun (for reasons of emphasis) or when they stand alone with the verb "to be." In these cases they must agree in gender and number with the noun they modify:

Subject	Singular	Plural	
yo	mío/a	míos/as	my/mine
tú	tuyo/a	tuyos/as	your/yours
usted	suyo/a	suyos/as	your/yours
él/ella	suyo/a	suyos/as	his/her/hers
nosotros	nuestro/a	nuestros/as	our/ours
vosotros	vuestro/a	vuestros/as	your/yours
ustedes	suyo/a	suyos/as	your/yours
ellos/ellas	suyo/a	suyos/as	their/theirs

mi libro – **my** book   *mis* libros – **my** books
el libro *mío* – **my** book   los libros *míos* – **my** books

nuestra casa – **our** house   *nuestras* casas – **our** houses
la casa *nuestra* – **our** house   las casas *nuestras* – **our** houses

- In the case of the third person possessive adjective (*su, sus*), there can be ambiguity in meaning. Spanish often replaces this possessive with the preposition *de* followed by the appropriate pronoun:

su perro   or   el perro *de él* – **his** dog
el perro *de ella* – **her** dog
el perro *de Ud.* – **your** dog
el perro *de ellos* – **their** (m.) dog
el perro *de ellas* – **their** (f.) dog
el perro *de Uds.* – **your** (pl.) dog

el disco es *suyo* or *el disco es **de él, de ella, de Ud., de ellos, de ellas, de Uds.***

4.5.1 Demonstrative Adjectives

They commonly precede the noun*:

	Masculine	**Feminine**
Singular	*este, ese, aquel*	*esta, esa, aquella*
Plural	*estos, esos, aquellos*	*estas, esas, aquellas*

este edificio – **this** building   *estos* edificios – **these** buildings
ese día – **that** day   *esos* días – **those** days
aquellos tiempos – **those** times   *aquella* idea – **that** idea

Note: *Aquel* (in all its forms) shows either physical distance or distance in time.

* Placement of the demonstrative after the noun often gives it a negative or pejorative translation:

el chico ese – that so-and-so guy

4.5.2 Interrogative Adjectives

¿Qué? What?
¿Cuál, es? Which?
¿Cuánto, a, os, as? How much? How many?

*¿**Qué** hora es?* **What** time is it?
*¿**Cuánto** dinero te queda?* **How much** money do you have left?
*¿**Qué** calle es ésta?* **What** street is this?
*¿De **qué** hotel me hablas?* **Which** hotel do you mean?

CHAPTER 5

Comparison of Adjectives and Adverbs

5.1   Common Adverbs

Adverbs modify verbs, adjectives, and other adverbs and are invariable.

The following is a list of frequently used adverbs:

bien – well	*mal* – badly
más – more	*menos* – less
siempre – always	*nunca* – never
cerca – near	*lejos* – far
antes – before	*después** – afterwards
bastante – enough	*demasiado* – too much
temprano – early	*tarde* – late
así – thus, so	*casi* – almost
entonces – then	*luego* – later, afterward
todavía – still	

* By itself *después* means afterwards. *Después de* means after.

Aún is a common adverb whose meaning depends on whether

the sentence is affirmative or negative:

Aún quiere trabajar. He **still** wants to work.
Aún no está despierta. She's not **yet** awake.

5.1.1 Adverbs Ending in -*mente*

Many adverbs are derived from the **feminine** form of the adjective (when such a form is available) and the addition of -*mente*:

claro/claramente – clearly
rápido/rápidamente – quickly
feliz/felizmente – happily
hábil/hábilmente – skillfully
dulce/dulcemente – sweetly

5.2 Comparison of Equality

This is constructed in the following ways:

Tanto, a, os, as + (noun) + *como*
Tan + (adverb or adjective) + *como*

Tuve **tantas** *deudas* **como** *el mes pasado.* I had **as many** debts **as** last month.

Su música es **tan** *clara* **como** *el agua.* Her music is **as** clear **as** water.

Llegué **tan** *tarde* **como** *ayer.* I arrived **as** late **as** yesterday.

Tanto como (without intervening expressions) means "as much as."

Tu amigo estudia **tanto como** *yo.* Your friend studies **as much as** I [do].

5.3 Comparison of Inequality

The formula for describing levels of superiority is:

más + (noun, adjective, or adverb) + *que*

Tengo más dinero que tú. I have **more** money **than** you.

Su auto es más caro que el mío. His car is **more** expensive **than** mine.

Me levanto más temprano que ella. I get up earli**er than** she does.

The above formula changes to *más de* if a numerical expression is involved and the sentence is in the affirmative:

Vimos más de mil estrellas en el cielo. We saw **more than** a thousand stars in the sky.

But: *No tengo más que cinco dólares en el bolsillo.* I have **only** five dollars in my pocket. (*"No... más que"* means only.)

or: *No tengo más de cinco dólares en el bolsillo.* I don't have **more than** five dollars in my pocket. (*"No... más de"* means no more than.)

The formula for describing levels of inferiority is:

menos + (noun, adjective, or adverb) + *que*

Nos dieron menos tiempo que a ustedes para completar el examen. They gave us **less** time **than** they gave you to finish the exam.

Eres menos pobre que ella. You are **less** poor **than** she is.

*Tiene **menos** problemas **que** su madre.* She has **fewer** problems **than** her mother.

Just as in comparisons of superiority, the formula for describing inferiority changes to ***menos de*** if a numerical expression is involved. However, unlike comparisons of superiority, even in negative sentences, ***de*** is used instead of ***que***:

*No eran **menos de** cinco los asaltantes.* The assailants were no **fewer than** five.

5.3.1 Special Comparatives

Adjective (Adverb)	Comparative
bueno (bien) – good, well	*mejor* – better
malo (mal) – bad, badly	*peor* – worse
grande – big	*mayor** – older
pequeño – small	*menor** – younger

* *Mayor* and *menor* only refer to age; otherwise, *más (menos) grande (pequeño) que* is used.

*Mi padre es **mayor** que yo; mi hijo es **menor**.* My father is **older** than I; my son is **younger**.

*Esta ciudad es **más grande que** la capital.* This city is **bigger than** the capital.

5.4 Superlatives

In English, the true or relative superlative is rendered by **the most (or least) of** a category:

El, la, los, las + más (menos) + (adjective) + de

*Estos anillos son **los más** caros **de** la tienda.* These rings are **the most** expensive **in** the store.

*Tienes **los** ojos **más** lindos **del** mundo.* You have **the prettiest** eyes **in** the world.

The special comparatives noted in 5.3.1 have a superlative form:

El, la, los, las + (special comparatives) + *de*

*Mi hijo es **el mayor de** la clase.* My son is **the oldest in** the class.

5.4.1 Absolute Superlative

Superlatives can also be formed by adding the *-ísimo* ending to adjectives and adverbs. (Some spelling adjustments may be necessary.)

The absolute superlative is usually rendered in English as "very pretty," "very ugly," etc.

lindo/lindísimo – very pretty; *feo/feísimo* – very ugly

tarde/tardísimo – very late; *cerca/cerquísimo** – very near

rico/riquísimo* – very rich; *fácil/facilísimo(a)* – very easy

The adjective *malo* has the special superlative *pésimo* in addition to the more informal *malísimo.*

* Note: The spelling changes from *"c"* to *"qu"* in *cerquísimo* and *riquísimo.*

23

CHAPTER 6

Verbs

6.1 Regular Verbs of the First Conjugation: −*ar* Verbs

The following charts show the indicative, subjunctive, and the imperative conjugations of −*ar* verbs using the model **amar** (to love).

6.1.1 Indicative

	Present	Imperfect	Preterite	Future	Conditional
yo	*am/o*	*am/aba*	*am/é*	*amar/é*	*amar/ía*
tú	*am/as*	*am/abas*	*am/aste*	*amar/ás*	*amar/ías*
él/ella/					
usted	*am/a*	*am/aba*	*am/ó*	*amar/á*	*amar/ía**
nosotros	*am/amos*	*am/ábamos*	*am/amos*	*amar/emos*	*amar/íamos*
*vosotros***	*am/áis*	*am/abais*	*am/asteis*	*amar/éis*	*amar/íais*
ellos/ellas/					
ustedes	*am/an*	*am/aban*	*am/aron*	*amar/án*	*amar/ían**

   * The second person pronouns *usted* (abbreviated *Ud.*) and *ustedes* (*Uds.*) consistently take the verbal form of the **third** person singular or plural.

  ** This pronoun and corresponding forms of the verb are used in Spain only.

6.1.2 Subjunctive

Present	Imperfect		
am/e	am/ara	or	am/ase
am/es	am/aras	or	am/ases
am/e	am/ara	or	am/ase
am/emos	am/áramos	or	am/ásemos
am/éis	am/arais	or	am/aseis
am/en	am/aran	or	am/asen

6.1.3 Imperative

There are two types of imperatives in Spanish: the formal and the informal. The formal affirmative and negative commands come from the present subjunctive *él* form. The plural will add an *–n*. The informal negative commands also come from the present subjunctive (the *tú* and *vosotros* forms specifically). However, the affirmative singular is the third singular of the present indicative (unless irregular) and the affirmative plural is derived from the infinitive (the final *–r* is removed and replaced with *–d*).

Affirmative	Negative
ama (tú)	ames
ame (Ud.)	ame
amemos (nosotros)	amemos
amad (vosotros)	améis
amen (Uds.)	amen

One may also express the informal **let's** form of the command by using the *nosotros* form of the present subjunctive.

6.2 Regular Verbs of the Second Conjugation: *–er* Verbs

The following charts show the indicative, subjunctive, and the imperative conjugations of *–er* verbs using the model *vender* (to sell).

25

6.2.1 Indicative

	Present	Imperfect	Preterite	Future	Conditional
yo	vend/o	vend/ía	vend/í	vender/é	vender/ía
tú	vend/es	vend/ías	vend/iste	vender/ás	vender/ías
él/ella/Ud.	vend/e	vend/ía	vend/ió	vender/á	vender/ía
nosotros	vend/emos	vend/íamos	vend/imos	vender/emos	vender/íamos
vosotros	vend/éis	vend/íais	vend/isteis	vender/éis	vender/íais
ellos/ellas/ Uds.	vend/en	vend/ían	vend/ieron	vender/án	vender/ían

6.2.2 Subjunctive

Present	Imperfect		
vend/a	vend/iera	or	vend/iese
vend/as	vend/ieras	or	vend/ieses
vend/a	vend/iera	or	vend/iese
vend/amos	vend/iéramos	or	vend/iésemos
vend/áis	vend/ierais	or	vend/ieseis
vend/an	vend/ieran	or	vend/iesen

6.2.3 Imperative

Affirmative	Negative
vende (tú)	vendas
venda (Ud.)	venda
vendamos (nosotros)	vendamos
vended (vosotros)	vendáis
vendan (Uds.)	vendan

6.3 Regular Verbs of the Third Conjugation: –*ir* Verbs

The following charts show the indicative, subjunctive, and the imperative conjugations of –*ir* verbs using the model ***partir*** (to leave).

6.3.1 Indicative

	Present	Imperfect	Preterite	Future	Conditional
yo	*part/o*	*part/ía*	*part/í*	*partir/é*	*partir/ía*
tú	*part/es*	*part/ías*	*part/iste*	*partir/ás*	*partir/ías*
él/ella/Ud.	*part/e*	*part/ía*	*part/ió*	*partir/á*	*partir/ía*
nosotros	*part/imos*	*part/íamos*	*part/imos*	*partir/emos*	*partir/íamos*
vosotros	*part/ís*	*part/íais*	*part/isteis*	*partir/éis*	*partir/íais*
ellos/ellas/ *Uds.*	*part/en*	*part/ían*	*part/ieron*	*partir/án*	*partir/ían*

6.3.2 Subjunctive

Present	Imperfect		
part/a	*part/iera*	or	*part/iese*
part/as	*part/ieras*	or	*part/ieses*
part/a	*part/iera*	or	*part/iese*
part/amos	*part/iéramos*	or	*part/iésemos*
part/áis	*part/ierais*	or	*part/ieseis*
part/an	*part/ieran*	or	*part/iesen*

6.3.3 Imperative

	Affirmative	Negative
	parte (tú)	*partas*
	parta (Ud.)	*parta*
	partamos (nosotros)	*partamos*
	partid (vosotros)	*partáis*
	partan (Uds.)	*partan*

CHAPTER 7

Irregular Verbs

7.1 Types of Irregular Verbs

In the previous chapter, regular verbs were conjugated either by detaching the stem from the infinitive ending (-*ar,* -*er,* or -*ir*) and reattaching it to the appropriate endings for the various persons, tenses, and moods, or by attaching certain endings to the infinitive as a whole (in the case of the future and conditional tenses).

However, many common Spanish verbs are irregular. There are various types of irregularities: the stem vowels and/or consonants may undergo a change, the endings may differ from the regular ones in at least some of the persons, tenses, or moods, or the verb may be thoroughly irregular.

7.1.1 Irregular Present Indicative

a) Verbs irregular in the *yo* form only:

caber	(to fit)	*yo quepo*
caer	(to fall)	*yo caigo*
dar	(to give)	*yo doy*
hacer	(to make/do)	*yo hago*
poner	(to put)	*yo pongo*

28

saber *	(to know)	yo sé
salir	(to leave)	yo salgo
traer	(to bring)	yo traigo
valer	(to be worth)	yo valgo
ver	(to see)	yo veo

* Remember that *saber* means to know a fact or how to do something. *Conocer* means to know a person or a place.

b) Verbs irregular in more than one form:

Subject	decir (to say/tell)	estar (to be)	haber (to have–*aux*)
yo	digo	estoy	he
tú	dices	estás	has
él/ella/Ud.	dice	está	ha
nosotros	decimos	estamos	hemos
vosotros	decís	estáis	habéis
ellos/ellas/Uds.	dicen	están	han

Subject	ir (to go)	oír (to hear)	ser (to be)
yo	voy	oigo	soy
tú	vas	oyes	eres
él/ella/Ud.	va	oye	es
nosotros	vamos	oímos	somos
vosotros	vais	oís	sois
ellos/ellas/Uds.	van	oyen	son

Subject	tener (to have)	venir (to come)
yo	tengo	vengo
tú	tienes	vienes
él/ella/Ud.	tiene	viene
nosotros	tenemos	venimos
vosotros	tenéis	venís
ellos/ellas/Uds.	tienen	vienen

c) Verbs with stem changes

The most common present tense stem changes are: *"e"* to *"ie"*, *"o"* to *"ue"*, and *"e"* to *"i"*. The stem will change in all forms except *nosotros/vosotros*.

Subject	*pensar* (to think) *e – ie*	*volver* (to return) *o – ue*	*pedir* (to request) *e – i*
yo	*pienso*	*vuelvo*	*pido*
tú	*piensas*	*vuelves*	*pides*
él/ella/Ud.	*piensa*	*vuelve*	*pide*
nosotros	*pensamos*	*volvemos*	*pedimos*
vosotros	*pensáis*	*volvéis*	*pedís*
ellos/ellas/Uds.	*piensan*	*vuelven*	*piden*

d) Verbs with spelling changes

In the present tense certain types of verbs will undergo a spelling change in the *yo* form only to maintain the proper pronunciation.

-cer, -cir = *zco*

conocer	(to know)	*yo conozco*
traducir	(to translate)	*yo traduzco*
conducir	(to drive)	*yo conduzco*

-cer, -cir (preceded by a consonant) = *zo*

vencer	(to defeat)	*yo venzo*
convencer	(to convince)	*yo convenzo*

-ger, -gir = *j*

coger	(to take, to catch)	*yo cojo*
escoger	(to choose)	*yo escojo*
elegir	(to select, to elect)	*yo elijo*

-guir = *g*

distinguir	(to distinguish)	*yo distingo*
seguir	(to follow)	*yo sigo*

extinguir   (to extinguish)   *yo extingo*

Verbs ending in *-uir* will have a **y** in all forms but *nosotros* and *vosotros*.

huir (to flee): *huyo, huyes, huye, huimos, huís, huyen*

7.1.2 Irregular Preterite Indicative

a) The following verbs share the same irregular endings:

-e, -iste, -o, -imos, -isteis, -ieron

Subject	*andar* (to walk)	*caber* (to fit)	*estar* (to be)
yo	*anduve*	*cupe*	*estuve*
tú	*anduviste*	*cupiste*	*estuviste*
él/ella/Ud.	*anduvo*	*cupo*	*estuvo*
nosotros	*anduvimos*	*cupimos*	*estuvimos*
vosotros	*anduvisteis*	*cupisteis*	*estuvisteis*
ellos/ellas/Uds.	*anduvieron*	*cupieron*	*estuvieron*

Subject	*haber* (to have – aux.*)	*hacer* (to make/do)	*poder* (to be able)
yo	*hube*	*hice*	*pude*
tú	*hubiste*	*hiciste*	*pudiste*
él/ella/Ud.	*hubo*	*hizo*	*pudo*
nosotros	*hubimos*	*hicimos*	*pudimos*
vosotros	*hubisteis*	*hicisteis*	*pudisteis*
ellos/ellas/Uds.	*hubieron*	*hicieron*	*pudieron*

* Haber is an auxiliary verb as in: *He hablado contigo.* (I have spoken with you.) The verb *tener* expresses "to have" in a possessive sense as in: *Tengo dos hermanos.* (I have two brothers.) *Tener* can also be used idiomatically: *Tengo que hablar contigo.* (I have to speak with you.) *Tener* means "to have," as in "possess," but *tener* and *que* together mean "to have to do something."

31

Subject	poner (to put)	querer (to want)	saber (to know)
yo	puse	quise	supe
tú	pusiste	quisiste	supiste
él/ella/Ud.	puso	quiso	supo
nosotros	pusimos	quisimos	supimos
vosotros	pusisteis	quisisteis	supisteis
ellos/ellas/Uds.	pusieron	quisieron	supieron

Subject	tener (to have)	venir (to come)
yo	tuve	vine
tú	tuviste	viniste
él/ella/Ud.	tuvo	vino
nosotros	tuvimos	vinimos
vosotros	tuvisteis	vinisteis
ellos/ellas/Uds.	tuvieron	vinieron

b) Irregular preterites with a -*j*:

Subject	decir (to say/tell)	traer (to bring)	conducir ** (to drive)
yo	dije	traje	conduje
tú	dijiste	trajiste	condujiste
él/ella/Ud.	dijo	trajo	condujo
nosotros	dijimos	trajimos	condujimos
vosotros	dijisteis	trajisteis	condujisteis
ellos/ellas/Uds.	dijeron*	trajeron*	condujeron*

*   These differ from the irregular preterite indicatives in chart (b) because they end in *"-eron"* instead of *"-ieron."*

**   All verbs ending in *"-ducir"* have these irregularities.

c) *Ser*, *ir*, and *dar*

Subject	*ser* * (to be)	*ir* * (to go)	*dar* (to give)
yo	*fui*	*fui*	*di*
tú	*fuiste*	*fuiste*	*diste*
él/ella/Ud.	*fue*	*fue*	*dio*
nosotros	*fuimos*	*fuimos*	*dimos*
vosotros	*fuisteis*	*fuisteis*	*disteis*
ellos/ellas/Uds.	*fueron*	*fueron*	*dieron*

* *ser* (to be) and *ir* (to go) are identical in this tense.

d) Verbs with stem changes

In most cases, verbs ending in *-ir* that have a present tense stem change will also have a stem change in the preterite. However, the stem changes in the preterite only apply to the third person singular and plural forms. See the following charts for examples:

Subject	*sentir* (to regret)	*dormir* (to sleep)	*pedir* (to request)
yo	*sentí*	*dormí*	*pedí*
tú	*sentiste*	*dormiste*	*pediste*
él/ella/Ud.	**sintió**	**durmió**	**pidió**
nosotros	*sentimos*	*dormimos*	*pedimos*
vosotros	*sentisteis*	*dormisteis*	*pedisteis*
ellos/ellas/Uds.	**sintieron**	**durmieron**	**pidieron**

e) Verbs with spelling changes

Verbs ending in *-car*, *-gar*, and *-zar* will undergo a spelling change in the *yo* form of the preterite to maintain the sound of the infinitive.

Subject	atacar (to attack)	entregar (to deliver)	rezar (to pray)
yo	ataqué	entregué	recé
tú	atacaste	entregaste	rezaste
él/ella/Ud.	atacó	entregó	rezó
nosotros	atacamos	entregamos	rezamos
vosotros	atacasteis	entregasteis	rezasteis
ellos/ellas/Uds.	atacaron	entregaron	rezaron

f) Verbs ending in **-uir**

These verbs will have a **-y** in the third person singular and plural forms.

> huir   *huí, huiste,* **huyó,** *huimos, huisteis,* **huyeron**
> (to flee)

g) Verbs that change *i* to **y**

Verbs ending in *-er* or *-ir* with two vowels in the stem (*oír* [to hear], *creer* [to believe], *leer* [to read], *caer* [to fall]) will have a **y** in the third person singular and plural. These verbs will also have additional accent marks.

> caer   *caí, caíste,* **cayó,** *caímos, caísteis,* **cayeron**
> (to fall)

7.1.3 Irregular Imperfect Indicative

There are only three irregular verbs in this tense: *ser, ir, ver.*

Subject	*ser* (to be)	*ir* (to go)	*ver* (to see)
yo	*era*	*iba*	*veía*
tú	*eras*	*ibas*	*veías*
él/ella/Ud.	*era*	*iba*	*veía*
nosotros	*éramos*	*íbamos*	*veíamos*
vosotros	*erais*	*ibais*	*veíais*
ellos/ellas/Uds.	*eran*	*iban*	*veían*

7.1.4 Irregular Future and Conditional

These two tenses have the same set of irregular stems to which the normal future and conditional tense endings are added.

caber	(to fit)	**cabr**
decir	(to say/tell)	**dir**
haber	(to have – aux.)	**habr**
hacer	(to make/do)	**har**
poder	(to be able)	**podr**
poner	(to put)	**pondr**
querer	(to want)	**querr**
saber	(to know)	**sabr**
salir	(to leave)	**saldr**
tener	(to have)	**tendr**
valer	(to be worth)	**valdr**
venir	(to come)	**vendr**

7.1.5 Irregular Present Subjunctive

a) Verbs irregular throughout:

Subject	*caber* (to fit)	*caer* (to fall)	*dar* (to give)
yo	*quepa*	*caiga*	*dé*
tú	*quepas*	*caigas*	*des*
él/ella/Ud.	*quepa*	*caiga*	*dé*
nosotros	*quepamos*	*caigamos*	*demos*
vosotros	*quepáis*	*caigáis*	*deis*
ellos/ellas/Uds.	*quepan*	*caigan*	*den*

Subject	*decir* (to say/tell)	*estar* (to be)	*haber* (to have – aux.)
yo	*diga*	*esté*	*haya*
tú	*digas*	*estés*	*hayas*
él/ella/Ud.	*diga*	*esté*	*haya*
nosotros	*digamos*	*estemos*	*hayamos*
vosotros	*digáis*	*estéis*	*hayáis*
ellos/ellas/Uds.	*digan*	*estén*	*hayan*

Subject	*hacer* (to do)	*ir* (to go)	*oír* (to hear)
yo	*haga*	*vaya*	*oiga*
tú	*hagas*	*vayas*	*oigas*
él/ella/Ud.	*haga*	*vaya*	*oiga*
nosotros	*hagamos*	*vayamos*	*oigamos*
vosotros	*hagáis*	*vayáis*	*oigáis*
ellos/ellas/Uds.	*hagan*	*vayan*	*oigan*

Subject	*poner* (to put)	*saber* (to know)	*salir* (to go out)
yo	*ponga*	*sepa*	*salga*
tú	*pongas*	*sepas*	*salgas*
él/ella/Ud.	*ponga*	*sepa*	*salga*
nosotros	*pongamos*	*sepamos*	*salgamos*
vosotros	*pongáis*	*sepáis*	*salgáis*
ellos/ellas/Uds.	*pongan*	*sepan*	*salgan*

Subject	*ser* (to be)	*tener* (to have)	*traer* (to bring)
yo	*sea*	*tenga*	*traiga*
tú	*seas*	*tengas*	*traigas*
él/ella/Ud.	*sea*	*tenga*	*traiga*
nosotros	*seamos*	*tengamos*	*traigamos*
vosotros	*seáis*	*tengáis*	*traigáis*
ellos/ellas/Uds.	*sean*	*tengan*	*traigan*

Subject	*valer* (to be worth)	*venir* (to come)	*ver* (to see)
yo	*valga*	*venga*	*vea*
tú	*valgas*	*vengas*	*veas*
él/ella/Ud.	*valga*	*venga*	*vea*
nosotros	*valgamos*	*vengamos*	*veamos*
vosotros	*valgáis*	*vengáis*	*veáis*
ellos/ellas/Uds.	*valgan*	*vengan*	*vean*

b) Verbs with spelling changes:

Subject	-*car* to -*que* *atacar* (to attack)	-*gar* to -*gue* *entregar* (to deliver)	-*zar* to -*ce* *rezar* (to pray)
yo	*ataque*	*entregue*	*rece*
tú	*ataques*	*entregues*	*reces*
él/ella/Ud.	*ataque*	*entregue*	*rece*
nosotros	*ataquemos*	*entreguemos*	*recemos*
vosotros	*ataquéis*	*entreguéis*	*recéis*
ellos/ellas/Uds.	*ataquen*	*entreguen*	*recen*

Subject	-*ger* to -*ja* *coger* (to take/catch)	-*gir* to -*ja* *elegir* (to choose)	-*guir* to -*ga* *distinguir* (to distinguish)
yo	*coja*	*elija*	*distinga*
tú	*cojas*	*elijas*	*distingas*
él/ella/Ud.	*coja*	*elija*	*distinga*
nosotros	*cojamos*	*elijamos*	*distingamos*
vosotros	*cojáis*	*elijáis*	*distingáis*
ellos/ellas/Uds.	*cojan*	*elijan*	*distingan*

Subject	-*uir* to -*ya* *huir* (to flee)	-*cer* to -*zca* or -*za* *conocer* (to know)	*vencer* (to defeat)
yo	*huya*	*conozca*	*venza*
tú	*huyas*	*conozcas*	*venzas*
él/ella/Ud.	*huya*	*conozca*	*venza*
nosotros	*huyamos*	*conozcamos*	*venzamos*
vosotros	*huyáis*	*conozcáis*	*venzáis*
ellos/ellas/Uds.	*huyan*	*conozcan*	*venzan*

Subject	-cir to -zca **traducir** (to translate)
yo	traduzca
tú	traduzcas
él/ella/Ud.	traduzca
nosotros	traduzcamos
vosotros	traduzcáis
ellos/ellas/Uds.	traduzcan

c) Verbs with stem changes

If the verb has only one stem change in parentheses, it will occur in all but the *nosotros/vosotros* forms. If there are two stem changes indicated, the first will be found in all but the *nosotros/vosotros* forms and the second will occur in the *nosotros/vosotros* forms.*

Subject	ue **jugar** (to play)	ue, u ** **dormir** (to sleep)
yo	juegue	duerma
tú	juegues	duermas
él/ella/Ud.	juegue	duerma
nosotros	juguemos	durmamos
vosotros	juguéis	durmáis
ellos/ellas/Uds.	jueguen	duerman

* Some verbs have a stem change in the subjunctive. Most of the time the stem change does not occur in the *nosotros/ vosotros* forms.

** In some cases (*dormir*) there is a separate stem change in the *nosotros/vosotros* forms.

7.1.6 Irregular Past Subjunctive

Because this tense is derived from the third person plural of the preterite, it will have the same irregular forms as the preterite. The past subjunctive endings (*-ra* or *-se*) are interchangeable.

a) Irregular throughout:

Subject	*andar* (to walk)	*caber* (to fit)	*dar* (to give)
yo	*anduviera*	*cupiera*	*diera*
tú	*anduvieras*	*cupieras*	*dieras*
él/ella/Ud.	*anduviera*	*cupiera*	*diera*
nosotros	*anduviéramos*	*cupiéramos*	*diéramos*
vosotros	*anduvierais*	*cupierais*	*dierais*
ellos/ellas/Uds.	*anduvieran*	*cupieran*	*dieran*

Subject	*decir* (to say/tell)	*estar* (to be)	*haber* (to have – aux.)
yo	*dijera*	*estuviera*	*hubiera*
tú	*dijeras*	*estuvieras*	*hubieras*
él/ella/Ud.	*dijera*	*estuviera*	*hubiera*
nosotros	*dijéramos*	*estuviéramos*	*hubiéramos*
vosotros	*dijerais*	*estuvierais*	*hubierais*
ellos/ellas/Uds.	*dijeran*	*estuvieran*	*hubieran*

Subject	*hacer* (to do)	*ir* (to go)	*poder* (to be able)
yo	*hiciera*	*fuera*	*pudiera*
tú	*hicieras*	*fueras*	*pudieras*
él/ella/Ud.	*hiciera*	*fuera*	*pudiera*
nosotros	*hiciéramos*	*fuéramos*	*pudiéramos*
vosotros	*hicierais*	*fuerais*	*pudierais*
ellos/ellas/Uds.	*hicieran*	*fueran*	*pudieran*

Subject	*poner* (to put)	*querer* (to want)	*saber* (to know)
yo	*pusiera*	*quisiera*	*supiera*
tú	*pusieras*	*quisieras*	*supieras*
él/ella/Ud.	*pusiera*	*quisiera*	*supiera*
nosotros	*pusiéramos*	*quisiéramos*	*supiéramos*
vosotros	*pusierais*	*quisierais*	*supierais*
ellos/ellas/Uds.	*pusieran*	*quisieran*	*supieran*

Subject	*ser* (to be)	*tener* (to have)	*venir* (to come)
yo	*fuera*	*tuviera*	*viniera*
tú	*fueras*	*tuvieras*	*vinieras*
él/ella/Ud.	*fuera*	*tuviera*	*viniera*
nosotros	*fuéramos*	*tuviéramos*	*viniéramos*
vosotros	*fuerais*	*tuvierais*	*vinierais*
ellos/ellas/Uds.	*fueran*	*tuvieran*	*vinieran*

Subject	*-ducir* * *conducir* (to drive)	*-uir* *huir* (to flee)
yo	*condujera*	*huyera*
tú	*condujeras*	*huyeras*
él/ella/Ud.	*condujera*	*huyera*
nosotros	*condujéramos*	*huyéramos*
vosotros	*condujerais*	*huyerais*
ellos/ellas/Uds.	*condujeran*	*huyeran*

* All verbs ending in *-ducir* have these irregularities.

b) Verbs with stem changes

Any *-ir* verb with two stem changes will use the second one throughout the past subjunctive.

dormir (ue, u)	*durmiera, durmieras, durmiera*	
(to sleep)	*durmiéramos, durmierais, durmieran*	

c) Verbs with *y*

All *-uir* verbs will have a *y* throughout the past subjunctive as well as those with double vowels (*oír, creer, leer,* etc.).

huir	*huyera, huyeras, huyera,*
(to flee)	*huyéramos, huyerais, huyeran*

oír	*oyera, oyeras, oyera,*
(to hear)	*oyéramos, oyerais, oyeran*

7.1.7 Irregular Imperatives

a) Irregular formal commands

Because all forms come from the present subjunctive, they will have the same irregularities. See sections 7.1.5 a, b, and c for this list. The third singular and plural are needed.

b) Irregular familiar commands

There are nine irregular affirmative singular commands:

decir	(to say/tell)	*di*
hacer	(to make/do)	*haz*
ir	(to go)	*ve*
poner	(to put)	*pon*
salir	(to leave)	*sal*
ser	(to be)	*sé*
tener	(to have)	*ten*
valer	(to be worth)	*val*
venir	(to come)	*ven*

42

The affirmative plural commands are derived from the infinitive, which has no irregulars.

The negative familiar commands come from the present subjunctive *tú* and *vosotros* forms. See sections 7.1.5 a, b, and c for this list.

CHAPTER 8

Imperfect vs. Preterite

8.1 Continuation vs. Completion of an Action

The imperfect is used for an action **continuing** in the past; the preterite designates a **finished** action or an action whose beginning, duration, or end is emphasized by the speaker.

> *Estaba* nublado. (Imperfect) It was cloudy. (No indication of when it got that way.)

> *Estuvo nublado.* (Preterite) It was cloudy. (But now it has changed.)

> *Ella* **quería** *a su marido.* (Imperfect) She loved her husband. (Indefinitely in the past.)

> *Ella* **quiso** *a su marido.* (Preterite) She loved her husband. (While he was alive, while she was married to him, etc.)

8.2 Description vs. Narration

The imperfect is used to **describe** a quality or a state in the past; the preterite is used to **narrate** an action.

> *Los soldados* **marcharon** (Preterite) *toda una mañana y* **llegaron**

(Preterite) *al fuerte enemigo al mediodía cuando* **hacía** (Imperfect) *mucho calor.* **Se sentían** (Imperfect) *cansados y* **necesitaban** (Imperfect) *descansar.* **Se sentaron** (Preterite) *a la sombra de un árbol.* The soldiers marched one full morning and arrived at the enemy fort at noon when it was very hot. They were tired and needed to rest. They sat down in the shade of a tree.

8.3 "Used to" Followed by Infinitive

The English expression **used to** followed by an infinitive is rendered by the imperfect, as this is the tense that designates a habitual action in the past.

> *Pasábamos las vacaciones en la costa.* We **used to spend** the holidays on the shore.

> *Eran amigos.* They **used to be** friends.

Alternatively, the verb *soler* (to be in the habit of) may be used in the imperfect to render the sense of "used to." *Soler* must be accompanied by an infinitive: *solíamos pasar las vacaciones en la costa*; *solían ser amigos,* etc.

8.4 "Was" or "Were" Plus Present Participle

Expressions formed with the past tense of "to be" followed by the present participle of another verb (**was** or **were** doing, singing, studying, etc.) are rendered by the imperfect.

> *Él conducía cuando ocurrió el accidente.* He **was driving** when the accident occurred.

> *Pensaban visitarnos ese verano.* They **were thinking** of visiting us that summer.

45

8.5 Telling Time in the Past

The imperfect of *ser* is used to tell time in the past.

Eran las tres. **It was** 3 o'clock.

Era tarde cuando se fueron los invitados. **It was** late when the guests left.

8.6 Special Preterites

The preterite of some verbs (such as *conocer, saber, poder, poner, tener,* and *querer*) has a special meaning:

*Yo la **conocí** el año pasado.* I **met** her last year.

*Cuando **supimos** la noticia nos pusimos tristes.* When we **learned/found out** the news we felt sad.

*El fugitivo **pudo** abandonar el país a última hora.* The fugitive **managed to** abandon the country at the last minute.

*Ella jamás **tuvo** noticias de su familia.* She never **received** news of her family.

*El ladrón **quiso** abrir la puerta con una barra.* The thief **tried to** open the door with a bar.

*Juan **no quiso** pagar.* Juan **refused** to pay.

CHAPTER 9

The Subjunctive

9.1 Structure of the Subjunctive

"Subjunctive" comes from a verb meaning "to join beneath." Verbs in the subjunctive mood depend on a main verb to which they are usually joined by *que*.

> *Yo **quiero** que Uds. **vengan** a la fiesta.* I **want** you **to come** to the party.

> *Mi madre **no cree** que el dentista me **tenga** que sacar la muela.* My mother **doesn't think** that the dentist **will have** to extract my tooth.

Note: In the above examples the main clause and the subordinate clause have **different subjects**. The principal use of the subjunctive is after verbs that cause another person to change his/her behavior. Thus, two distinct subjects are usually needed in a subjunctive construction. Compare *Ella quiere salir* (She wants to go out) with *Ella quiere que salga* (She wants [you, him, me] to go out). The subjunctive form (*salga*) indicates that there is a second subject in the sentence, that someone else besides *ella* is being asked to go out.

47

9.2 If/Then Clauses

A special but frequent type of subjunctive construction is the "if/then" clause, where the verb following "if" is in the imperfect or pluperfect subjunctive and the verb following "then" is in the conditional. This use indicates an unreal or hypothetical situation.

*Si ellos me **pagaran**, yo les haría el trabajo.* **If** they **paid** me, I would do the work for them.

*No habría tanto crimen **si hubiera** menos armas en la calle.* There would not be so much crime **if there were** fewer weapons in the streets.

If/then clauses need to be balanced. That is to say that when a compound tense is used in the dependent clause, the independent clause should also have one.

*Si me **hubieran dado** el dinero, les **habría** pagado.* If they **had given** me the money, I **would have paid** them.

Note: In order to emphasize the hypothetical nature of the above situations, it is useful to contrast them with similar sentences in the indicative:

*Si me **pagan**, les hago el trabajo.* **If** they **pay** me, I will do the work for them. (A more immediate possibility than its counterpart above)

*Habrá menos crimen **si** hay menos armas en la calle.* **There will be** less crime **if there are** fewer weapons in the street. (An affirmation regarding the future, a certainty)

9.3 Verbs Introduced by *como si* (as if)

Verbs introduced by *como si* will be in the imperfect or the pluperfect subjunctive.

*Se sacó la ropa **como si tuviera** calor.* He took off his clothes **as if** he **were** hot.

*Ud. había empalidecido **como si hubiera visto** el diablo.* You had become pale **as if** you **had seen** the devil.

9.4 Forms of the Imperfect Subjunctive

The imperfect subjunctive has two different forms, one ending in -*ra* and the other in -*se* (see 6.2.2). They are interchangeable, but the -*ra* ending is more common: *amara* vs. *amase*; *comiera* vs. *comiese*; *partiera* vs. *partiese,* etc.

9.5 Indicative vs. Subjunctive

The **indicative** expresses certainty or factual knowledge. The **subjunctive** does not make direct statements but expresses a range of subjective approaches to a given statement, ranging from an imperative request to doubt and involving emotion, possibility, desire, approval or disapproval, prohibition, denial, etc. From this it follows that main verbs followed by the subjunctive may be divided into various semantic categories according to whether they express commands, denial, emotion, etc. (See below.)

Note: A "fact" in the above paragraph must be construed as something stated as such. The sentence *Dios existe* (God exists) will not be interpreted by everyone as factual, but everyone will interpret it as being stated as a fact by the speaker.

9.5.1 Verbs of Command

Verbs such as *mandar* (to command), *decir* (to tell), *decretar* (to decree), *ordenar* (to order), and *exigir* (to demand) are followed by the subjunctive.

*Mi padre me **dijo** que me **fuera** de casa.* My father **told** me **to leave** home.

49

*El jefe **mandó** que se **trabajara** más.* The boss **commanded** everyone **to work** harder.

9.5.2 Verbs of Request

Verbs such as *pedir* (to ask), *rogar* (to beg), *suplicar* (to plead), and *requerir* (to require) are followed by the subjunctive.

*Le **pedí** que me **diera** dinero.* I **asked** him **to give** me money.

*Me **rogó** que no **fuera** a la India.* She **begged** me not **to go** to India.

9.5.3 Verbs of Proposal

Verbs such as *aconsejar* (to advise) and *sugerir* (to suggest) are followed by the subjunctive.

*Mi padre me **aconsejó** que **fuera** a la universidad.* My father **advised** me **to go** to college.

9.5.4 Verbs of Desire

Verbs such as *querer* (to want), *desear* (to desire), *soñar* (to dream), and *fantasear* (to fantasize) are followed by the subjunctive.

*No **quiero** que **digas** eso.* I don't **want** you **to say** that.

9.5.5 Verbs of Permission

Verbs such as *dejar* (to let, allow) and *permitir* (to permit) are followed by the subjunctive.

*El vecino **dejó** que yo **viviera** en su casa.* The neighbor **let** me **live** in his house.

9.5.6 Verbs of Preference

Verbs such as *preferir* (to prefer) are followed by the subjunctive.

*Prefiero que no me **vuelvas** a visitarme.* I **prefer** that you not **visit** me again.

9.5.7 Verbs of Prohibition

Verbs such as *prohibir* (to prohibit) and *impedir* (to avoid, prevent) are followed by the subjunctive.

*El policía **impidió** que se **consumara** el robo.* The policeman **prevented** the robbery from **taking place**.

9.5.8 Verbs of Emotion

Verbs such as *temer* (to fear), *sentir* (to be sorry), and *esperar* (to hope) are followed by the subjunctive.

*Siento que no **pudieras** conseguir el puesto.* I **am sorry** you **could** not get the job.

9.5.9 Verbs of Denial and Doubt

Verbs such as *negar* (to deny) and *dudar* (to doubt) are followed by the subjunctive.

*Dudo que **llueva** hoy.* I **doubt** it **will rain** today.

9.5.10 Verbs of Seeming and Believing

Verbs such as *creer* (to believe/think) and *parecer* (to seem) are followed by the subjunctive **only** in negative clauses and optionally in interrogative clauses.

*Creo que la operación **será** exitosa.* I **think** the operation **will be** successful.
*No creo que la operación **sea** exitosa.* I **don't think** the operation **will be** successful.

9.6 Impersonal Expressions

Some impersonal expressions formed with *ser* + adjective (or

51

noun) implying possibility, doubt, emotion, or necessity take the subjunctive.

Es posible que llueva. **It is possible** that it **will rain**.

Es probable que sea elegido presidente. **It is probable** that **he will be** elected president.

Es importante que paguemos al contado. **It is important** that we **pay** cash.

Ha sido necesario que lo leamos dos veces. **It has been necessary** that we **read** it two times.

9.7   Conjunctive and Adverbial Expressions

Many conjunctive or adverbial expressions require the subjunctive:

> *para que* – in order that
> *sin que* – without
> *en caso de que* – in case that
> *con tal (de) que* – as long as
> *a menos que* – unless
> *antes (de) que* – before

*Le compraré una bicicleta a tu hijo **para que** aprenda* (subj.) *a manejarla.* I will buy your son a bicycle **so that** he may learn to handle it.

*Pasaron meses **sin que** me llamara* (subj.). Months went by **without** her calling me.

*Avísame **en caso de que** venga* (subj.). Let me know **in case** he comes.

*Haré cualquier cosa **con tal de que** vivas* (subj.) *bien.* I'll do anything **as long as** you live well.

9.8 Temporal Expressions

Certain temporal expressions (also known as adverbial conjunctions) will always prompt a subjunctive:

> *antes que* (before)
> *con tal que* (provided that)
> *sin que* (without)
> *para que* (so that)
> *a menos que* (unless)

Example: ***Antes que vayas, llamame.*** Before you go, call me.

Others will require a subjunctive when "futurity" is implied.

> *hasta que* (until)
> *cuando* (when)
> *mientras* (while)
> *aunque* (although)

Example: *Estudiaré **hasta que** ella llegue.* [futurity] I will study **until** she arrives.

But: *Cuando hace calor, me siento incómodo.* [fact] When it is hot, I feel uncomfortable.

9.9 Tense Correspondence/Sequence

Setting up the subjunctive clause often requires selecting the present or past subjunctive tense. To determine which to choose, use the verb in the independent clause as the guide. Any verb form associated with the present (present, future, present perfect, command, future perfect) will prompt a present subjunctive in the dependent clause.

Indicative	Subjunctive
yo dudo	
yo he dudado	*que cantes*
yo dudaré	
yo dudaba	
yo dudé	
yo dudaría	*que cantaras*
yo había dudado	
yo habría dudado	

Likewise, any verb form associated with the past (preterite, imperfect, conditional, past perfect, conditional perfect) will prompt a past subjunctive.

Indicative	Subjunctive
yo dudo	*que hayas cantado*
yo dudaré	
yo dudaba	
yo dudé	
yo dudaría	*que hubieras cantado*
yo había dudado	
yo habría dudado	

CHAPTER 10

Past and Present Participles

10.1 Formation of the Past Participle

The following charts show the conjugations of regular participles as well as irregular past participles.

10.1.1 Regular Participles in the First Conjugation

Regular participles in the first conjugation *-ar* end in *-ado*.

Infinitive	Past Participle
amar	*amado* – loved
cantar	*cantado* – sung

10.1.2 Regular Participles in the Second and Third Conjugations

Regular participles in the second and third conjugations *-er* and *-ir* end in *-ido*.

Infinitive	Past Participle
tener	*tenido* – had
venir	*venido* – come

10.1.3 Irregular Past Participles:

Some verbs have irregular past participles:

Infinitive	Past Participle
abrir	*abierto* – opened
cubrir	*cubierto* – covered
decir	*dicho* – said
describir	*descrito* – described
descubrir	*descubierto* – discovered
devolver	*devuelto* – returned
escribir	*escrito* – written
hacer	*hecho* – done, made
morir	*muerto* – died, dead
poner	*puesto* – put, set
resolver	*resuelto* – solved, resolved
romper	*roto* – torn, broken
ver	*visto* – seen
volver	*vuelto* – returned

10.2 Uses of the Past Participle

The past participle forms compound tenses with the verb *haber* (to have, auxiliary verb). In this function the past participle is invariable.

*El hombre ha **comido**.* The man has **eaten**.

Past participles, when not accompanied by some form of *haber,* function as adjectives. In these cases they agree in gender and number with the nouns they modify.

*Hay una taza **rota** en la lavadora.* There is a **broken** cup in the dishwasher.

*Mis problemas están **resueltos**.* My problems are **solved**.

10.3 Formation of the Present Participle

Present participles in the first conjugation end in *-ando*.

Infinitive	Present Participle
amar	*amando* – loving
cantar	*cantando* – singing

Present participles in the second and third conjugations end in *-iendo* (*-yendo* when otherwise there would be three vowels in a row).

Infinitive	Present Participle
comer	*comiendo* – eating
partir	*partiendo* – leaving
ir	*yendo* – going
huir	*huyendo* – fleeing

Note: While endings are always regular, some present participles have irregularities in their stem which reproduce those found in the preterite.

Infinitive	Present Participle
pedir	*pidiendo* – asking
repetir	*repitiendo* – repeating
morir	*muriendo* – dying
venir	*viniendo* – coming
poder	*pudiendo* – being able to
decir	*diciendo* – saying

10.4 Uses of the Present Participle

The present participle denotes an action in progress and commonly follows the verb *estar*. It corresponds to the "-ing" form of the verb in English. In Spanish it is always invariable.

Los niños están jugando en la plaza. The children are **playing** in the square.

Mañana estaremos tomando el sol en la playa. Tomorrow we'll be **getting** a suntan on the beach.

Note: The present participle never follows the verb *ser.*

Present participles may also follow other verbs, especially verbs of motion such as *ir* (to go), *venir* (to come), *andar* (to go, walk), *entrar* (to enter), *salir* (to go out), etc.

Ella va corriendo por la calle. She is **running** down the street.

Uds. andan contando mentiras. You are **telling** (spreading) lies.

Te vi salir llorando de la entrevista. I saw you leave the interview **crying**.

The progressive tense ("to be" plus a present participle) is not as common in Spanish as in English. It is used only for special emphasis; normally, the simple present is used. Study the following translations:

Ella va a la tienda. She **is going** to the store.
El barco parte mañana. The ship **is leaving** tomorrow.

In English, present participles may function as nouns. In Spanish, this function is taken over by the infinitive.

Fumar es malo para la salud. **Smoking** is bad for your health.
Me gusta bailar. I like **dancing**.
Volar es divertido. **Flying** is fun.

The present participle in Spanish does not follow prepositions.

después de comer – after **eating**

*Desde que **llegó** aquí no para de **hablar**.* Since **arriving** here he hasn't stopped **talking**.

CHAPTER 11

Verbs: Compound Tenses

11.1 Formation of Compound Tenses

Compound tenses are formed by adding an invariable past participle to the different forms of the auxiliary verb *haber* (to have).

11.2 Conjugation of *Haber*: Indicative Mood*

	Present	Imperfect	Future	Conditional
yo	he	había	habré	habría
tú	has	habías	habrás	habrías
él/ella/Ud.	ha	había	habrá	habría
nosotros	hemos	habíamos	habremos	habríamos
vosotros	habéis	habíais	habréis	habríais
ellos/ellas/Uds.	han	habían	habrán	habrían

* The preterite is not conjugated here because it is not commonly used in compound tenses.

60

11.3 Conjugation of *Haber*: Subjunctive and Imperative Moods

	Present	Imperfect
yo	*haya*	*hubiera/hubiese*
tú	*hayas*	*hubieras/hubieses*
él/ella/Ud.	*haya*	*hubiera/hubiese*
nosotros	*hayamos*	*hubiéramos/hubiésemos*
vosotros	*hayáis*	*hubierais/hubieseis*
ellos/ellas/Uds.	*hayan*	*hubieran/hubiesen*

11.4 Names of Compound Tenses

Compound tenses are formed by combining different tenses of the auxiliary verb (*haber*) with the past participle. The regular past participle in Spanish is formed by adding *–ado* (to *–ar* verbs) and *–ido* (to *–er* and *–ir* verbs) to the stem of the infinitive.

11.4.1 Perfect

The present indicative of *haber* with a past participle forms the **present perfect** tense:

He amado. I **have** loved.
Han partido. They **have** left.

Note: Only *haber* is conjugated. *Amado, comido,* and *partido* do not have to agree in gender and number with their respective subjects.

11.4.2 Pluperfect

The imperfect indicative of *haber* with a past participle forms the **pluperfect** or **past perfect** tense. This tense is used for a past action that precedes another past action:

Había amado. I **had** loved.
Habíais comido. You **had** eaten.
Habían partido. They **had** left.

61

11.4.3 Future Perfect

The future of *haber* with a past participle forms the **future perfect**:

Habré amado. I **will have** loved.
Habrán partido. They **will have** left.

Note: This tense expresses an action that will take place **before** another. But very commonly the future perfect denotes probability in the past. Compare the following examples:

a) *¿**Habrán partido** antes de que comience a llover?* **Will** they **have left** before it starts to rain?
b) *Ya **habrán partido**.* They **probably left** already.

11.4.4 Conditional Perfect

The conditional of *haber* with a past participle forms the **conditional perfect**:

Habría amado. I **would have** loved.
Habrían partido. They **would have** left.

11.4.5 Perfect Subjunctive

The present subjunctive of *haber* with a past participle forms the **present perfect subjunctive**:

*Es increíble que no **haya amado** a nadie en su vida.* It's incredible that he **has** not **loved** anyone in his life.

*Los extrañaremos cuando **hayan partido**.* We'll miss them when they **have left**.

11.4.6 Pluperfect Subjunctive

The imperfect subjunctive of *haber* with a past participle forms the **pluperfect** or **past perfect subjunctive**:

> *Yo no habría conocido la felicidad si no* **hubiera amado**. I would not have known happiness if I **had** not **loved**.

> *Él siempre había dudado de que sus amigos* **hubieran partido** *sin despedirse*. He had always doubted that his friends **had left** without saying good-bye.

CHAPTER 12

The Verb "To Be": *Ser* or *Estar*

12.1 Conjugation of *Ser*

a) Indicative

	Present	Imperfect	Preterite	Future	Condit.
yo	soy	era	fui	seré	sería
tú	eres	eras	fuiste	serás	serías
él/ella/Ud.	es	era	fue	será	sería
nosotros	somos	éramos	fuimos	seremos	seríamos
vosotros	sois	erais	fuisteis	seréis	seríais
ellos/ellas/ Uds.	son	eran	fueron	serán	serían

b) Subjunctive

	Present	Imperfect
yo	sea	fuera/fuese
tú	seas	fueras/fueses
él/ella/Ud.	sea	fuera/fuese
nosotros	seamos	fuéramos/fuésemos
vosotros	seáis	fuerais/fueseis
ellos/ellas/Uds.	sean	fueran/fuesen

	Familiar	Formal
	sé (tú)	*sea (Ud.)*
	no seas	*no sea*
	sed (vosotros)	*sean (Uds.)*
	no seáis	*no sean*

d) **Participles**
Past Participle: *sido*
Present Participle: *siendo*

12.2   Conjugation of *Estar*

a) **Indicative**

	Present	Imperfect	Preterite	Future	Condit.
yo	estoy	estaba	estuve	estaré	estaría
tú	estás	estabas	estuviste	estarás	estarías
él/ella/Ud.	está	estaba	estuvo	estará	estaría
nosotros	estamos	estábamos	estuvimos	estaremos	estaríamos
vosotros	estáis	estabais	estuvisteis	estaréis	estaríais
ellos/ellas/ Uds.	están	estaban	estuvieron	estarán	estarían

b) **Subjunctive**

	Present	Imperfect
yo	esté	estuviera/estuviese
tú	estés	estuvieras/estuvieses
él/ella/Ud.	esté	estuviera/estuviese
nosotros	estemos	estuviéramos/ estuviésemos
vosotros	estéis	estuvierais/estuvieseis
ellos/ellas/Uds.	estén	estuvieran/estuviesen

c) **Imperative**

	Familiar	Formal
	está (tú)	*esté (Ud.)*
	no estés	*no esté*
	estad (vosotros)	*estén (Uds.)*
	no estéis	*no estén*

d) **Participles**

Past Participle: *estado*

Present Participle: *estando*

12.3 Uses of *Ser*

"To be" followed by a predicate noun (a noun that is the same person as the subject) is always *ser.*

Él es médico. He **is** a doctor.
Somos hombres con una misión. We **are** men on a mission.

Ser is used to express origin, ownership, or material consistency.

¿Es Ud. de Atlanta? **Are** you from Atlanta?
Ese libro es de la biblioteca. That book **is** the library's.
Esta mesa es de madera. This table **is** (made) of wood.

Ser is used to mean "to take place."

La fiesta fue ayer. The party **was** yesterday.
La reunión es mañana. The meeting **is** tomorrow.

The use of *ser* with an adjective denotes that the speaker considers the quality signified by the adjective an essential or permanent component of the noun.

El agua es clara. Water **is** clear.
La madera es dura. Wood **is** hard.
Mi hermano es alto. My brother **is** tall.

12.4 Uses of *Estar*

Estar is used to indicate location.

*El estadio **está** a dos cuadras.* The stadium **is** two blocks away.
*Los pañuelos **están** en el cajón.* The handkerchiefs **are** in the drawer.

Estar is used with the present participle of other verbs to form the progressive tense.

***Está** lloviendo.* It **is** raining.
***Están** comprando los boletos.* They **are** buying the tickets.

Estar is used with adjectives to indicate a change from the norm, a temporary state of the subject, or a subjective reaction.

***Estaba** gordo cuando lo vi.* He **was** fat when I saw him.
*El postre **está** rico.* The dessert **is** good.

12.5 Adjectives that Change Meaning with *Ser* or *Estar*

Certain adjectives have different meanings depending on whether they are used with *ser* or *estar*.

*Mi tío **es** bueno.* My uncle is **good**.
*Mi tío **está** bueno.* My uncle is **in good health**.

*Tu perro **es** malo.* Your dog is **bad**.
*Tu perro **está** malo.* Your dog is **sick**.

*La función **es** aburrida.* The show is **boring**.
*Mi esposa **está** aburrida.* My wife is **bored**.

*Tú **eres** feliz.* You are **fortunate**.
*Tú **estás** feliz.* You are **happy**.

Mi hijo es listo. My son is **smart**.
Mi hijo está listo. My son is **ready**.

Este edificio es seguro. This building is **safe**.
El portero está seguro. The porter is **sure**.

CHAPTER 13

Classes of Verbs

13.1 Transitive

Transitive verbs have both a subject and an object. The latter is called a direct object because the verb acts directly on it. Many verbs in English and Spanish are transitive. In the following examples the transitive verb and its strict direct object are in boldface.

> *El portero **cierra** la **puerta**.* The porter **closes** the **door**.
> *El pájaro **bebió agua**.* The bird **drank water**.

Note: When the direct object is a person (or a pet), it is preceded by the preposition "a," which has no equivalent in English. In Spanish this is called the "personal *a*."

> *Amo **a** mi esposa.* I love my wife.

13.2 Reflexive

Verbs whose action reflects back upon the subject are called reflexive. The object of a reflexive verb is a pronoun.

> *Mi amigo **se vistió** rápidamente.* My friend **got dressed** (dressed himself) quickly.
> *Ella **se miró** en el espejo.* She **looked at herself** in the mirror.

Note: Some verbs are always reflexive while others may be used reflexively. Examples of **reflexive** verbs are: *arrepentirse* (to repent, to be sorry); *atreverse* (to dare); *quejarse* (to complain); *acostarse* (to go to bed); *convertirse* (to become), etc.

13.2.1 Verbs of Becoming

Spanish has several ways to render the idea of becoming. They involve the reflexive verbs *hacerse, ponerse, volverse,* and *convertirse.*

Hacerse implies a conscious effort or an intention of some kind:

*Se **hará** médico cueste lo que cueste.* He **will become** a doctor no matter what it takes.

*Mi madre **se hizo** rica por su propia cuenta.* My mother **became** rich by dint of her own efforts.

Ponerse implies an unconscious change, physical or emotional:

*Te **pusiste** pálida cuando oíste su nombre.* You **became** pale when you heard his name.

*Me **puse** contento al saber la verdad.* I **became** happy on learning the truth.

Volverse also implies a change without volition. Also, the "new" state is of longer duration:

*¿Te **has vuelto** loco?* Have you **become** (gone) mad?

*Mi tío **se volvió** todo un filántropo.* My uncle **became** quite the philanthropist.

Convertirse is basically a synonym for *transformarse* (to transform oneself) and has a physical as well as a moral dimension:

*En los cuentos de hadas un príncipe **se puede convertir** en sapo.*
In fairy tales a prince may **become** a frog.

13.3 Intransitive

Intransitive verbs denote actions complete in themselves. They have a subject but no object.

*Los exploradores **durmieron** en la selva.* The explorers **slept** in the jungle.
*El héroe **murió** anoche.* The hero **died** last night.

Note: Some intransitive verbs can be used reflexively. In these cases there is also a change of meaning:

*Ella **irá** mañana.* She **will go** tomorrow.
*Ella **se irá** mañana.* She **will leave** tomorrow.

*El niño **duerme** bien.* The boy **sleeps** well.
*El niño **se duerme** temprano.* The boy **goes to sleep** early.
*El niño ya **se durmió**.* The boy **fell asleep** already.

*Él **parece** sano.* He **appears** healthy.
*Él **se parece** a su abuela.* He **resembles** his grandmother.

13.4 Impersonal

Impersonal verbs have an implied subject/object "it." These verbs mostly express natural phenomena.

*Siempre **amanece** demasiado temprano.* It always **dawns** too early.
***Anochece** tarde en el trópico.* **It gets dark** late in the tropics.
***Lloverá** mañana.* Tomorrow **it will rain**.
*En Wisconsin **nieva** mucho.* **It snows** a lot in Wisconsin.

Haber is often used impersonally. Only the third person singular is used in this manner.

71

Hay* varias personas en la calle. **There are** several people in the street.

Había muchas razones para pensar así. **There were** many reasons to think so.

*   The third person singular of *haber* used impersonally is *hay* and not *ha.*

13.5   Auxiliary

Auxiliary verbs help other verbs express their meaning. The most common auxiliary verbs are *haber* (to have), *ser* (to be), *poder* (to be able to, can, may), *deber* (should, ought to, must), and *querer* (to want).

Haber helps form the compound tenses of verbs:

He visto a Juan. I **have seen** Juan.

Ser forms the passive voice together with a past participle:

El libro fue escrito por Cervantes. The book **was written** by Cervantes.

Poder helps an infinitive express possibility:

Puedo ir mañana a verte. I **can** go see you tomorrow.

Deber helps an infinitive express obligation:

¡Debes creerme! You **must** believe me!

Querer helps an infinitive express volition:

No quiero verte más. I don't **want** to see you anymore.

CHAPTER 14

The Passive Voice

14.1 Formation of the Passive Voice

The passive voice is the "mirror image" of the active voice. The object of the active verb (I see **the lion**) becomes the subject of the passive verb (**the lion** is seen by me).

The passive is formed with a form of *ser* and the past participle of a transitive verb. The participle must agree with the subject in gender and number. Compare the following examples:

ACTIVE
Los romanos construyeron el anfiteatro. The Romans built the amphitheater.

PASSIVE
El anfiteatro fue construido por los romanos. The amphitheater **was built** by the Romans.

Note: In this example, there is an expressed agent (by the Romans). However, in many passive sentences the agent is not expressed:

Las acciones fueron compradas a bajo precio. The stocks **were bought** at a low price.

14.2 Reflexive Substitute for the Passive Voice

It is more idiomatic to replace passive construction by a reflex-ive construction with the pronoun *se* and the verb in the third person singular or plural. This is especially true of passive sentences that have no expressed agent. Compare with the last example of 14.1:

*Se **compraron** las acciones a bajo precio.* The stocks **were bought** at a low price.

Note: As a rule the verb precedes the subject in this type of con-struction. Other examples:

*Aquí se **habla** español.* Spanish **is spoken** here.

*Se **establecieron** nuevas reglas para el juego.* New rules **were established** for the game.

14.3 Third Person Plural Active Equivalents for Passive Voice

It is common, especially in conversation, to use an active con-struction in the third person plural to render the meaning of passive constructions like the ones in 14.2. In these cases the subject is vague (they, people, someone, etc.).

***Compraron** las acciones a bajo precio.* **They bought** the stocks at a low price.

*Aquí **hablan** español.* **They speak** Spanish here.

***Establecieron** nuevas reglas para el juego.* **They established** new rules for the game.

14.4 Impersonal Substitute

The examples given in 14.2 and 14.3 use both the third person singular and the third person plural depending on the number of the subject. But some passive substitutes allow only the third person singular even when the subject is plural.

> *Se llegó a varios acuerdos en la reunión.* Several agreements **were reached** in the meeting.

In this example the *se* may be viewed as equivalent to the English impersonal subject "one." Consequently, the verb following it must be in the singular form.

14.5 The Past Participle of *Morir*

Although "to kill" is *matar* in Spanish and "to die" is *morir,* the form used in passive constructions to render the idea of "having been killed" is the past participle of *morir, muerto.*

> *Los manifestantes fueron muertos a balazos.* The demonstrators **were shot to death.**

14.6 The Apparent Passive: *Estar* Plus the Past Participle

The true passive in Spanish is formed with *ser* and a past participle (see 14.1). Constructions formed with *estar* and a past participle are different. Instead of expressing an action carried out by an explicit or implicit agent, the apparent passive denotes a state or a condition resulting from a previous action. The past participle becomes an adjective. Compare the following examples:

APPARENT PASSIVE
La puerta está abierta. The door **is open.** (The action of opening it happened earlier.)

TRUE PASSIVE
La puerta es abierta por el niño. The door **is opened** by the boy. (We see the action happening now.)

APPARENT PASSIVE

*La pieza **estaba reservada**.* The room **was reserved**. (Someone reserved it earlier.)

TRUE PASSIVE

*La pieza **había sido reservada** por el turista.* The room **had been reserved** by the tourist.

CHAPTER 15

Time and Weather Expressions

15.1 Measures of Time

The word *tiempo* in Spanish designates both "time" and "weather," as in the following examples:

*Ha pasado tanto **tiempo** desde que nos vimos.* So much **time** has passed since we saw each other.

*¿Qué **tiempo** hace hoy?* How is the **weather** today?

The following are some of the expressions Spanish uses to measure or divide time.

15.1.1 Seasons of the Year

las estaciones – the seasons
el verano – summer   *el otoño* – fall
el invierno – winter   *la primavera* – spring

15.1.2 Months of the Year

el mes – the month

enero – January	*julio* – July
febrero – February	*agosto* – August
marzo – March	*septiembre* – September
abril – April	*octubre* – October
mayo – May	*noviembre* – November
junio – June	*diciembre* – December

Note: In Spanish the names of the months are not capitalized.

15.1.3 Days of the Week

el día – the day	*el jueves* – Thursday
la semana – the week	*el viernes* – Friday
el lunes – Monday	*el sábado* – Saturday
el martes – Tuesday	*el domingo* – Sunday
el miércoles – Wednesday	

Note: The days of the week (which are not capitalized in Spanish) are preceded by the definite article except after a form of *ser*:

el lunes – Monday, on Monday; *los lunes* – Mondays, on Mondays; *es lunes* – it is Monday

15.1.4 Other Expressions of Time

ayer – yesterday	*el día siguiente* – the following
hoy – today	day
mañana – tomorrow*	*la madrugada* – dawn
anoche – last night	*la mañana* – the morning*
anteanoche – the night before	*el mediodía* – noon
last	*la tarde* – afternoon
anteayer – the day before	*la noche* – night (time)
yesterday	*la medianoche* – midnight
pasado mañana – the day after	
tomorrow	

* Be sure to distinguish between *mañana* (tomorrow) and *la mañana* (the morning).

78

15.2 Telling Time

When telling the time of day the word "time" is rendered as *hora*.

*¿Qué **hora** es?* What **time** is it?

When telling the hours of the day Spanish uses the feminine definite article before the time expression.

*Es **la** una.* It's one o'clock.

*Son **las** dos.* It's two o'clock.

Note: To specify A.M. or P.M. Spanish uses *de la mañana* and *de la tarde,* respectively.

*Son las tres **de la mañana**.* It's three A.M.

*Son las cinco **de la tarde**.* It's five P.M.

To render the half-hour Spanish uses *media.* To render the quarter-hour *cuarto* or *quince* are used.

*Son las diez y **cuarto**. Son las diez y **quince**.* It's a **quarter** past ten. It's 10:**15**.

*Son las diez y **media**.* It's 10:**30**. It's **half past** ten.

*Son las once menos **cuarto**. Son las once menos **quince**.* It's a **quarter** of eleven.

Falta un **cuarto** (Faltan **quince**) para las once.* It's a **quarter** of eleven.

*   *Faltar* means "to be wanting, lacking."

Note: *y* is used through the half-hour and *menos* is used after the half-hour.

Portions of time other than the half- or quarter-hour are expressed thusly:

Son las seis y diez. It's 6:10.

Son las seis y veinte. It's 6:20.

Son las siete menos veinte. It's 6:40. (*Faltan veinte para las siete.* It's twenty of seven.)

15.3 *Hacer* with Expressions of Time

With expressions of time *hacer* (to make) is an impersonal verb. Only the third person singular is used.

15.3.1 *Hace (Tiempo) Que* + Present Indicative of Main Verb

This formula shows that the action is still going on in the present. Note that Spanish uses the simple present where English uses the present perfect.

Hace una semana que los equipos no juegan. The team has not played for a week.

Hace muchos días que llueve. It has been raining for many days.

¿Cuánto tiempo hace que vives aquí? How long have you been living here?

Note: By turning the sentence around, the conjunction *que* can be suppressed. (In negative sentences it is possible to use the perfect tense.)

Los equipos no juegan hace una semana. (Los equipos no han jugado hace una semana.) The teams have not played for a week.

Llueve hace muchos días. It has been raining for many days.

15.3.2 *Hace (Tiempo) Que* + **Preterite of Main Verb**

This formula designates the sense of time expressed by the English particle "ago."

Hace tres días que la vi. (La vi hace tres días.) I saw her three days ago.

Hace años que nos dejaron. (Nos dejaron hace años.) They left us years ago.

¿Cuánto tiempo hace que la conociste? How long ago did you meet her?

15.3.3 *Hacía (Tiempo) Que* + **Imperfect of Main Verb**

This formula shows that the action was still going on in the past.

Hacía tres días que llovía. (Llovía hacía tres días.) It had been raining for three days.

Hacía tiempo que te esperaba. (Te esperaba hacía tiempo.) I had been waiting for you for a while.

¿Cuánto tiempo hacía que llovía? How long had it been raining?

15.4 Age

Cumplir años and *Tener años* are the expressions most commonly used to indicate age:

Mi padre tiene cuarenta y dos años. My father is forty-two (years of age).

Hoy es mi cumpleaños. Cumplo ocho. Today is my birthday. I turn eight.

15.5 Weather Expressions

In English these weather expressions are formed with the verb "to be"; in Spanish they are formed with the verb *hacer* used impersonally.

Hace calor. It **is** hot.
Hizo frío. It **was** cold.
Hará buen tiempo. The weather **will be** good.
Hace sol. It **is** sunny.
Hacía viento. It **was** windy.

¿Qué tiempo hace? What **is** the weather (like)?
Hace mal tiempo. The weather **is** bad.

15.5.1 With *Tener*

When the sentence is personal, Spanish uses *tener* where English uses "to be."

Tengo calor. I **am** hot.
Teníamos frío. We **were** cold.

15.5.2 With *Haber* Used Impersonally

Notice that the third person singular of the present indicative changes from *ha* to *hay* when *haber* is impersonal. *Haber* is commonly used with weather conditions that are visible (*viento, sol, neblina,* etc.).

Hay neblina. It **is** misty (foggy).
Hubo humedad. It **was** damp.
Habrá tempestad. It **will be** stormy.

15.5.3 With *Nevar* and *Llover*

"To snow" and "to rain" are rendered by the impersonal verbs *nevar* and *llover*, respectively:

Ayer nevó. **It snowed** yesterday.
Mañana lloverá. Tomorrow **it will rain**.

CHAPTER 16

Personal Pronouns

16.1 Personal Pronoun Chart

Subject Pronouns	Direct Object Pronouns	Indirect Object Pronouns	Reflexive Pronouns	Prepositional Pronouns
yo	me	me	me/mí	mí
tú	te	te	te/ti	ti
él	lo*	le	se/sí	él
ella	la	le	se/sí	ella
ello	lo	le	se/sí	ello
Ud.	lo (la)	le	se/sí	Ud.
nosotros	nos	nos	nos/ nosotros	nosotros
vosotros	os	os	os/ vosotros	vosotros
ellos	los*	les	se/sí	ellos
ellas	las	les	se/sí	ellas
Uds.	los (las)	les	se/sí	Uds.

* In Spain the direct object pronouns *lo* and *los* are usually replaced by *le* and *les* when the pronoun relates to a person or to a thing personified. The present book observes the Latin American usage throughout.

83

16.2 Subject Pronouns

These pronouns are usually omitted in Spanish as the verbal form by itself indicates person and number. (For the sake of clarity, *Ud.* and *Uds.* are usually not omitted.) Naturally subject pronouns are used when confusion would otherwise result and in order to emphasize a statement. Often the particle *mismo (misma, mismos, mismas)* is used to add emphasis.

> *Fue a comprar vino.* **He went** to buy wine.
> *Ud. fue a comprar vino.* **You went** to buy wine.
> *Ud. mismo fue a comprar vino.* **You yourself went** to buy wine.

16.2.1 Second Person Subject Pronouns

Tú (you, sing.) differs from *usted* in terms of familiarity. *Tú* is more intimate; *usted* more formal. As a rule of thumb, *tú* is used with those people with whom the speaker is on a first-name basis.

In certain parts of Latin America (Argentina, Uruguay, Paraguay, Central America) the form *vos* is often used instead of *tú*.

Vos comes with its own verbal forms: *Vos venís a la hora que querés (Tú vienes a la hora que quieres).* You come at whatever time it pleases you.

Vosotros (you, pl.) differs from *ustedes* regionally. In Latin America and in southern Spain *vosotros* has been replaced by *ustedes*.

16.2.2 *Ser* Followed by a Subject Pronoun

In Spanish, the subject pronoun follows "to be."

> *Soy yo.* It is **I**.

> *Fue ella quien me envió el regalo.* It was **she** who sent me the present.

16.3 Object Pronouns

The direct object pronouns answer the question "whom" or "what"; the indirect object pronouns answer the question "to (for) whom" or "to (for) what."

> *Ella **me** dio un regalo.* She gave **me** a present. (**To whom** did she give a present?)

> *Nosotros **lo** vimos.* We saw **him**. (**Whom** did we see?)

16.3.1 Prepositional Complement with Indirect Object Pronoun

The indirect object pronoun can be clarified or emphasized by the addition of a prepositional complement (*a* + prepositional pronoun).

> *Yo **le** hablé ayer.* Yesterday I spoke to **him/her/you**.
> *Yo **le** hablé **a ella** ayer.* Yesterday I spoke to **her**.

16.3.2 Special Uses of the Indirect Object Pronoun

a) **Redundant Indirect Object Pronoun.** An indirect object pronoun is used in Spanish even when the indirect object noun is present in the sentence. The latter, however, must designate a person.

> ***Les** dije **a los empleados** que trabajaran más.* I told the employees to work harder.

b) **Dative of Interest.** Indirect object pronouns are also used to represent the interested party involved in the action designated by the verb. (In these cases a possessive adjective or pronoun is used in English and these cases are usually also expressed with "from" and a specific person or group.)

> ***Me** robaron la billetera.* They stole **my** wallet **from me**.

> *Ella siempre **le** esconde la torte al chico.* She always hides the cake **from the boy**.

85

16.3.3 Special Uses of the Direct Object Pronoun

a) **Neuter Direct Object Pronoun.** In English the verb "to be" does not require a direct object pronoun, but in some cases both *estar* and *ser* need a **neuter** direct object pronoun. When a question with a form of *estar* or *ser* is followed by an adjective or noun, the neuter object pronoun *lo* replaces that adjective or noun in the reply. In these cases *lo* refers back to the whole idea expressed in the previous sentence.

¿Es Ud. médico? Sí, lo soy. Are you a doctor? Yes, I am.

¿Estáis enfermos? No, no lo estamos. Are you sick? No, we are not.

Lo is also used with *saber* and *creer* when referring to an event, happening, or thought.

¿Sabes que Catalina se casó ayer? Sí, lo sé. Do you know that Catalina got married yesterday? Yes, I know.

¿Tienes dinero que prestarme? ¡Ya lo creo! Do you have money to lend me? You bet!

b) ***Haber* with Direct Object Pronoun.** The verb *haber* sometimes requires the use of a direct object pronoun unknown in English. Note that the direct object pronoun in the following example is no longer neuter.

¿Hay chicas en la fiesta? Sí, las hay. Are there girls at the party? Yes, there are.

c) ***Todo* with Direct Object Pronoun.** A direct object pronoun is required before the verb when the object of the verb is *todo*. Note that the object pronoun agrees in number and gender with *todo*.

Lo he visto todo. I have seen everything.

Las aprendí todas. I learned them all.

16.3.4 Position of Object Pronouns in the Sentence

Unlike English, object pronouns in Spanish precede the verb (see examples in 16.3.3). However, they are attached at the end of the verb when the verbal form is an affirmative command, an infinitive, or a present participle.

Ud. le escribe. You write **to him**.
¡Escríbale! Write **to him**!

Uds. la perdonaron. You forgave **her**.
Hubo que perdonarla. It was necessary to forgive **her**.

Los dejó sobre la mesa. He left **them** on the table.
Salió dejándolos sobre la mesa. He went out leaving **them** on the table.

Note: When the infinitive or the present participle is subordinated to an auxiliary verb such as *querer, ir, poder,* or *estar,* the direct object pronoun can go at the beginning of the sentence or at the end, attached to the infinitive or present participle:

Voy a verlo. I'm going to see **him**.
Lo voy a ver. I'm going to see **him**.

La estoy mirando. I'm looking at **her**.
Estoy mirándola. I'm looking at **her**.

16.3.5 Syntactic Order of Object Pronouns

When a verb has two object pronouns the indirect object pronoun precedes the direct object pronoun.

Envían una carta. They send a letter.
Nos envían una carta. They send a letter **to us**.
Nos la envían. They send **it to us**.

87

¡Envíenosla! Send **it to us**!
*¡No **nos la** envíen!* Don't send **it to us**!

But when the two object pronouns in the sentence are third person pronouns, the **indirect** object pronoun (*le* or *les*) is replaced by *se*.

Escribes una carta. You write a letter.
Les escribes una carta. You write a letter **to them**.
Se la escribes. You write **it to them**.
¡Escríbesela! Write **it to them**!

16.4 Reflexive Pronouns

Their use is to designate actions which the subject does to him/herself. English uses pronouns such as myself, herself, themselves, etc., to designate reflexive actions. Study the following examples:

Lavo los platos. I wash the dishes.
Me lavo. I wash **myself**.

Me ves detrás de ti en el espejo. You see me behind you in the mirror.
Te ves en el espejo. You see **yourself** in the mirror.

Note: Some verbs are inherently reflexive:

*Ella **se arrepiente** de sus errores.* She repents for her **errors**.

16.4.1 Reflexive Pronouns as Prepositional Objects

When the reflexive pronouns follow a preposition, their form changes to *mí, ti, sí,* etc. Compare:

*Ud. **le** habrá dicho **a ella** que no.* You probably said no **to her**. (indirect object pronoun with prepositional complement)
*Ud. **se** habrá dicho **a sí** mismo que no.* You probably said no **to yourself**. (reflexive pronoun with prepositional complement)

La actriz vio su rostro en el espejo. The actress saw her face in the mirror.

La actriz se vio a sí misma en el espejo. The actress saw **herself** in the mirror.

Note: When *mí, ti,* and *sí* are governed by the preposition *con,* both participles are joined to form *conmigo, contigo,* and *consigo.*

Ella fue conmigo al estadio. She went to the stadium **with me.**

Yo quería estar contigo. I wanted to be **with you.**

Los ladrones se llevaron las joyas consigo. The thieves took the jewels away **with them.**

16.4.2 Reciprocal Actions

A reciprocal action is a reflexive action involving more than one subject. It is commonly translated with "each other." In reciprocal constructions the verb is always in the plural.

Cuando Juan y Laura se encontraron, se contaron muchas anécdotas. When Juan and Laura **met,** they **told one another** many anecdotes.

Note: Often it is hard to say whether the action in question is reflexive or reciprocal:

Los hermanos Serrano se odian. The Serrano brothers **hate themselves.** The Serrano brothers **hate each other.**

But Spanish has ways to make a clear distinction between reflexive and reciprocal sentences:

Los hermanos Serrano se odian el uno al otro. The Serrano brothers hate **each other.**

*Nos engañamos **a nosotros mismos** con esa ilusión.* We deceive **ourselves** with that illusion.

*Nos engañamos **el uno al otro** con esa ilusión.* We deceive **each other** with that illusion.

16.4.3 Syntactic Order of Reflexive Pronouns

A reflexive pronoun always precedes either an indirect or a direct object pronoun.

Tomó la sopa con gusto. He enjoyed the soup.
Se tomó la sopa con gusto. He enjoyed the soup.*
Se la tomó con gusto. He enjoyed **it**.

* Reflexive pronouns can be used with some verbs to make the action more personal. *Se comió el postre* (he ate the dessert) is more idiomatic than *comió el postre.*

16.4.4 Reflexive Pronouns and Accident vs. Purpose

In the following examples the use of a reflexive pronoun preceding an indirect object pronoun attenuates the degree of causality or purpose involved in the action. In other words, the action occurs accidentally or unexpectedly. The verb may be singular or plural.

*Se **me** cayó el plato.* I dropped the plate (the plate fell down **on me**).

*Se **le** escapó el prisionero.* His prisoner escaped (**on him**).

*Se **nos** perdieron las cartas.* We lost the letters (the letters got lost **on us**).

*Se **les** rompió el vidrio.* They broke the glass (the glass went and broke **on them**).

16.5 Prepositional Pronouns

The prepositions *entre* (between) and *según* (according to) **do not** take the expected pronouns but take instead the subject pronouns.

*Entre **tú** y **yo**, no me gusta nada el profesor.* Between **you** and **me**, I don't like the teacher at all.

*El presidente se equivocó, según **tú**.* The president made a mistake, according to **you**.

CHAPTER 17

Other Pronouns

17.1 Relative Pronouns

Masculine Singular	Masculine Plural	Feminine Singular	Feminine Plural
que	que	que	que
cual	cuales	cual	cuales
quien	quienes	quien	quienes
cuyo	cuyos	cuya	cuyas

17.1.1 Uses of the Relative Pronouns

a) *Que* (that, which, who, whom) can refer to persons or things.

El hombre **que** *compró la casa...* The man **who** bought the house...

El cuadro **que** *se vendió...* The picture **that** was sold...

b) *Que* may follow a few prepositions *(a, de, en, con)* but must be preceded by the definite article when it follows other prepositions (see 18.1 for a list of the simple prepositions in Spanish). Furthermore, when *que* follows a preposition directly it may only refer to things.

El libro de que te hablé. The book about **which** I talked to you.*

El amigo del que te hablé. The friend about **whom** I talked to you.*

El bolígrafo con que escribo. The (ballpoint) pen with **which** I write.*

La mujer con la que salía. The woman with **whom** I was going out.

* Often in English the use of the relative pronoun is optional. Saying "The book I talked to you about" is equivalent to "The book about which I talked to you." But in Spanish the use of the relative pronoun is **required**.

c) *Cual* (which, who, whom) also may refer to persons or things, but it is preceded by the definite article. It always agrees in number with its antecedent. (Compare with *cuyo* on page 95.)

Vuestra hermana, la cual acababa de llegar... Your sister, **who** had just arrived...

Las sábanas, las cuales estaban manchadas... The sheets, **which** were stained...

d) *El cual* (or *el que*) is used instead of *que* or *quien* for greater precision, the article clarifying the antecedent in ambiguous constructions.

Me dio órdenes y consejos, los cuales seguí. He gave me orders and advice, **which** I followed.

In this example English cannot distinguish between the feminine *orden* and the masculine *consejo*. The use of *los cuales* in Spanish makes it clear that what the speaker followed was the advice and not necessarily the orders.

93

e) *El cual* (or *el que*) is used instead of *que* or *quien* after a clause whose sense is parenthetical and simply gives information.

*Mi familia tenía varios castillos, **los cuales (los que)** ya se derrumbaron.* My family owned several castles, **which** have already crumbled.

Note: The difference between *el cual* and *el que* is one of formality, *el cual* being more formal and less idiomatic than *el que*.

f) *El cual* (or *el que*) can always be used after a preposition and is usually used instead of *que* or *quien* when *que* or *quien* would follow a preposition.

*La mujer a **quien** amaba. La mujer a **la que** amaba. La mujer a **la cual** amaba.* The woman (**whom**) he loved.*

*Los temas sobre **los que** discurría. Los temas sobre **los cuales** discurría.* The themes on **which** he discoursed.

* The preposition *a* in these examples is explained by the use of a personal direct object. It is the "personal *a*."

g) *Cual* (and *que*) may also be preceded by the neuter article *lo,* in which case the antecedent of the pronoun is taken to be the entire preceding idea or clause.

*El criminal fue capturado, **lo cual (lo que)** me puso de buen humor.* The criminal was captured, **which** put me in a good mood.

Note: *Lo cual* and *lo que* are not interchangeable when the meaning of the expression is "that which." In this case only *lo que* is grammatically correct.

Lo que me molesta es que no pidan disculpas. **What** (that which) bothers me is that they won't apologize.

h) *Quien* (who, whom) refers only to persons and always agrees in number with its antecedent.

Agradecí a mis padres, sin quienes nunca habría salido adelante. I thanked my parents, without **whom** I could never have made it.

i) *Cuyo* (whose) agrees **not** with its antecedent but with the noun following it. It thus behaves as an adjective.

Las hormigas cuyos escondites destruimos... The ants **whose** hiding places we destroyed...

El hombre cuya fe nunca vaciló... The man **whose** faith never faltered...

17.2 Possessive Pronouns

These are closely related to possessive adjectives.

| Singular | | Plural | |
Masculine	**Feminine**	**Masculine**	**Feminine**
el mío	*la mía*	*los míos*	*las mías*
el tuyo	*la tuya*	*los tuyos*	*las tuyas*
el suyo	*la suya*	*los suyos*	*las suyas*
el nuestro	*la nuestra*	*los nuestros*	*las nuestras*
el vuestro	*la vuestra*	*los vuestros*	*las vuestras*
el suyo	*la suya*	*los suyos*	*las suyas*

17.2.1 Uses of the Possessive Pronouns

Possessive pronouns agree in gender and number with the noun they represent.

Sé que te gustó mi respuesta. I know you liked my answer.
*Sé que te gustó **la mía**.* I know you liked **mine**.

No me contaron sus secretos. They didn't tell me their secrets.
*No me contaron **los suyos**.* They didn't tell me **theirs**.

Note: In the third person singular and plural some ambiguity is likely, since *el suyo* or *los suyos* may refer to different persons. To prevent ambiguity, the possessive pronoun may be replaced by a prepositional complement (*de él, de ellos,* etc.).

*El regalo es **suyo**. El regalo es (**de él, de ella, de Ud., de ellos, de ellas, de Uds.**).* The gift is (**his, hers, yours, theirs**).

17.3 Demonstrative Pronouns

These are closely related to demonstrative adjectives.

Singular		Plural		English
Masculine	**Feminine**	**Masculine**	**Feminine**	
éste	*ésta*	*éstos*	*éstas*	this one
				these (ones)
ése	*ésa*	*ésos*	*ésas*	that one
				those (ones)
aquél	*aquélla*	*aquéllos*	*aquéllas*	that one
				those (ones)

Neuter

esto	this
eso	that
aquello	that

17.3.1 Uses of the Demonstrative Pronouns

a) They agree in gender and number with the nouns they represent.

Pienso llevarme estos cocos y esas manzanas. I'm thinking of taking these coconuts and those apples.

*Pienso llevarme **éstos** y **aquéllas**.* I'm thinking of taking **these** and **those**.

b) The difference between *ése* and *aquél* is that the former is associated with something close to the person spoken to, whereas the latter is associated with an object remote from both speaker and interlocutor.

***Ése** me gusta pero **aquél** me gusta más.* I like **that one** but I like **that one over there** better.

c) The neuter forms of the possessive pronouns refer to vague and general ideas.

***Eso** le pasó por descuidado.* **That** is what he got for being careless.

***Aquello** no tiene solución.* **That** has no solution.

***Esto** es imposible.* **This** is impossible.

17.4 Interrogative Pronouns

Interrogative pronouns are the same as relative pronouns, except interrogative pronouns have an accent mark:

¿qué? what?
¿cuál/es? which?
¿quién/es? who?
¿cuánto/a/os/as? how much? how many?

17.4.1 Uses of the Interrogative Pronouns

These pronouns may be used in both direct and indirect questions.

*¿**Qué** ocurrió ayer?* **What** happened yesterday?

97

*No sé **qué** ocurrió ayer.* I don't know **what** happened yesterday.

*¿**Cuáles** te gustan más?* **Which** (ones) do you like better?

*No sé **cuáles** me gustan más.* I don't know **which** (ones) I like better.

*Aló, ¿**quién** es?* Hello, **who** is it?

*¿**Cuántas** te has bebido?* **How many** (drinks) have you had?

CHAPTER 18

Prepositions and Conjunctions

18.1 Prepositions

Prepositions are words or phrases that relate words to one another, especially nouns to verbs, to adjectives, and to other nouns.

Here is a basic list of prepositions:

a – to	*excepto* – except
bajo – under	*hacia* – toward
con – with	*hasta* – until, as far as, to
contra – against	*para* – for
de – of	*por* – for
desde – from, since	*según* – according to
durante – during	*sin* – without
en – in, at, on	*sobre* – on, upon, over, above
entre – between, among	

*Conozco la América **desde** el desierto de California **hasta** la Patagonia.* I know the Americas* **from** the California desert **to** Patagonia.

* In Spanish, *la América* can pertain to North, Central, and

99

South America collectively. When describing the United States, *los Estados Unidos* is used.

*Desde siempre existe la envidia **entre** hermanos.* Envy **between** brothers has always existed (has existed **since** forever).

*Lléname el vaso **hasta** aquí.* Fill my glass **up to** here.

*Dejé el sobre **sobre** la mesa.* I left the envelope **on** the table.

Compound prepositions are also common in Spanish. They are formed by adding *de* to certain adverbs:

además de – besides	*dentro de* – within
alrededor de – around	*después de* – after (time)
antes de – before	*detrás de* – behind
a pesar de – in spite of	*encima de* – on top of
cerca de – near	*enfrente de* – across, opposite
debajo de – under	*fuera de* – outside of
delante de – in front of	*lejos de* – far from

18.1.1 *Para* vs. *Por*

In general, *por* expresses the ideas contained in "for the sake of," "through," and "exchange," whereas *para* expresses destination, purpose, end, and intention.

a) *Por* means "through"; *para* refers to destination:

*Iba **por** el parque.* I was walking **through** the park.

*Iba **para** el parque.* I was **on my way** to the park.

b) *Por* refers to motive; *para* refers to purpose or end:

*Lo hizo **por** mí.* He did it **for** me (for my sake, on my behalf).

*El artesano hizo una vasija **para** mí.* The artisan made a vase **for** me.

c) *Por* expresses the idea of exchange:

Lo cambié por una camisa. I exchanged it **for** a shirt.

d) *Por* denotes a span of time; *para* designates an endpoint in time:

Los exiliados caminaron por tres días y tres noches. The exiles walked **for** (during, for the space of) three days and three nights.

El traje estará listo para el lunes. The suit will be ready **by** Monday.

e) *Para* translates "in order to":

Fui a su casa para hablar con él. I went to his house **in order to** speak to him.

f) *Por* and *para* have set meanings in certain idiomatic constructions:

por ejemplo – for example

por lo menos – at least

para siempre – forever

No es para tanto. It's not that serious.

18.1.2 Prepositions with Verbs

Many verbs are associated with or supplemented by certain prepositions whose meaning may differ from English usage. A list of the most common follows:

acabar de – to have just
   (done something)
acercarse a – to approach
acostumbrarse a – to get used to
alegrarse de – to be glad to
aprender a – to learn to
ayudar a – to help to
casarse con – to marry
comenzar a – to start to
consistir en – to consist of
contar con – to count on
dejar de – to stop
despedirse de – to say goodbye to
disfrutar de – to enjoy
enamorarse de – to fall in love with
esforzarse por – to strive to

estar para – to be about to
estar por – to be in favor of
fijarse en – to notice
oler a – to smell of
pensar en – to think of
ponerse a – to set oneself to
quedar en – to agree to
reírse de – to laugh at
reparar en – to notice
saber a – to taste like (of)
salir a – to take after
servir de – to serve as
soñar con – to dream of
tratar de – to try to
vestirse de – to dress like

*Anoche **soñé con** ella.* Last night I **dreamed of** her.

*La fe me **ayudó a** sobrevivir.* Faith **helped** me (**to**) survive.

*Me quiero **casar con** ella.* I want **to marry** her. (I want **to get married to** her.)

*Ya no **pienso en** ti.* I don't **think of** you anymore.

***Trataré de** ser mejor amigo.* I'll **try to** be a better friend.

***Dejé de** ir a la escuela.* I **stopped** going to school.

18.2 Conjunctions

Conjunctions are words or phrases that connect clauses to one another. The following is a basic list of conjunctions:

o (u) – or
y (e) – and
pero, mas, sino que – but

ni – nor, neither
que – that
si – if, whether

18.2.1 Uses of the Basic Conjunctions

a) *O* changes to *u* in front of words beginning with *o* or *ho:*

No sé si lo dijo Roberto u Horacio. I don't know whether Roberto **or** Horacio said it.

b) *Y* changes to *e* in front of words beginning with *i* or *hi:*

Padre e hijo viajaban juntos. Father **and** son were traveling together.

Note: *Y* does not change in front of *y* or *hie:*

fuego y hielo – fire **and** ice.

Tú y yo. You **and** I.

c) *Ni* is the counterpart of *y*. It is often repeated in a sentence to mean "neither...nor":

ni Juan ni Marta – **neither** Juan **nor** Marta.

18.2.2 *Pero* vs. *Sino*

Pero, mas, and *sino* mean "but." (*Más* with an accent mark, however, is an adverb meaning "more.") *Pero* and *mas* are interchangeable, but *pero* and *sino* have different uses. *Sino* (or *sino que*) has the sense of "rather" or "on the contrary."

No dije "roca" sino "foca." I didn't say "rock" **but** "seal."

*No vino para quedarse sino que vino y se fue.** She didn't come to stay **but** she came and left.

Mi abuelo ya murió pero me dejó un buen recuerdo. My grandfather already died **but** he left me good memories.

*   When the contrast is between clauses with different verb forms, *que* is introduced.

18.2.3 Correlative Conjunctions

Conjunctions such as *ni...ni* above are not uncommon in Spanish. Other pairs are:

o...o – either...or
ya...ya – whether...or, sometimes...sometimes

Decídete. **O** *te vas* **o** *haces lo que te digo.* Make up your mind. **Either** you leave **or** you do as I say.

18.2.4 Conjunctive Phrases

a fin de que – in order that
a medida que – as, according as
a menos que – unless
así que – so that, as soon as
aunque – even though, although
conque – so, therefore
con tal (de) que – as long as, provided that
de modo (manera) que – so that
desde que – since

en caso (de) que – in case that
hasta que – until
luego que – as soon as
mientras (que) – while
para que – in order that
porque – because
puesto que – since
siempre que – whenever
ya que – since

A medida que *pasaban las horas Laura se desesperaba.* **As** the hours passed, Laura grew more desperate.

La he conocido **desde que** *era niña.* I have known her **since** she was a child.

Ya que *no tienes hambre, no vayas al restaurante.* **Since** you're not hungry, don't go to the restaurant.

CHAPTER 19

Affirmatives and Negatives

19.1 Forms of the Affirmatives

sí – yes
algo – something
alguien – someone, somebody

alguno* – some, any
siempre – always
cualquier(a) – any, anyone

*   When *alguno* follows a noun it is a **negative** interchangeable with *ninguno:*

> *No he visto periódico **alguno** desde que llegué.* I have **not** seen **any** newspaper since I arrived.
> *No he visto **ningún** periódico desde que llegué.* I have **not** seen **any** newspaper since I arrived. (I have seen **no** newspaper since I arrived.)

19.2 Uses of the Affirmatives

a)   *Sí* (yes) must be distinguished from *si* (if) at all times:

*¿Tienes dinero? **Sí, si** te hace falta.* Do you have money? **Yes, if** you need it.

Sí may also function as the affirmative "did" in English:

Yo sí vine cuando me llamaste. I **did** come when you called me.

Sí may also emphasize a question, in which case it means "right?" in English:

Te gustó la sopa, ¿sí? You liked the soup, **right**?

b) Except for the exception noted in 19.1, *alguno* (and *algo, alguien,* and *siempre*) function as they do in English. *Alguno,* however, may adopt different forms:

*¿Tienes **alguna** razón para odiarme?* Do you have **any** reason to hate me?

***Algunos** llegaron a tiempo pero otros se retrasaron.* **Some** arrived on time but others were late.

*¿Hay **algún** inconveniente para llevar a cabo ese plan?* Is there **any** problem in carrying out that plan?

In the last example *alguno* loses the final *"o"* — and gains an accent mark — because it stands in front of a masculine singular noun. This is also true of *ninguno*.

c) *Cualquier(a)* means "any" in the context of a choice:

*¿Cuál de ésos quiere? **Cualquiera**.* Which of those do you want? **Whichever**.

*****Cualquier** hombre o mujer tendría miedo.* **Any** man or woman would be afraid.

* *Cualquiera* drops the last letter *(–a)* before any singular noun.

19.3 Forms of the Negatives

no – no
nada – nothing
nadie – nobody, no one
ninguno – none, neither

nunca – never
jamás – never
tampoco – either, neither
ni – not even, nor

19.4 Uses of the Negatives

a) Negatives may either precede or follow the verb. **If they precede the verb, *no* is not required, but if they follow the verb, *no* must be placed immediately before the verb** (or the reflexive or object pronouns):

Nada vi. I saw **nothing**.
No vi nada. I did **not** see **anything**.

Con nadie hablé. I spoke to **no one**.
No hablé con nadie. I did **not** speak with **anyone**.

Nunca me lo imaginé. I **never** imagined it.
No me lo imaginé nunca. I **never** imagined it.

Jamás le ofrecí dinero. I **never** offered him money.
No le ofrecí dinero jamás. I **never** offered him money.

Tampoco vino Pedro. Pedro did not come **either**.
No vino Pedro tampoco. Pedro did not come **either**.

This means that in Spanish the double negative is grammatical whereas in English it is not. The double negative may also become a multiple negative:

No dije nunca nada a nadie. I **never** said **anything** to **anyone**.

b) *Ninguno* can be masculine or feminine but is no longer used in the plural:

Ninguno de ellos compareció. **None** of them showed up.

*No queda **ningún** hombre de fe sobre la Tierra.* There is **no** man of faith left on the Earth. (There are no men of faith left on Earth. There aren't any men of faith left on Earth.)

In this example *ninguno* loses the final *"o"* because it precedes a masculine singular noun.

***Ninguna** mujer te va a olvidar.* **No** woman will forget you.

Sometimes *ninguno* is replaced by ***ni uno***️ in order to emphasize the negation:

*No tengo **ni un** centavo.* I don't have a cent (to my name).

c) The difference between *nunca* and *jamás* is one of emphasis:

***Nunca** quiero volver a verte.* I **never** want to see you again.

***Jamás** quiero volver a verte.* I don't want to see you **ever** again.

d) *Ni* may be used by itself, it can be a correlative conjunction (*ni...ni*), or it can be correlated with *tampoco* or *siquiera*. But it can also function like *no* and precede a verb followed by another negative.

*No me convenció su argumento **ni** me convencerá el tuyo.* His argument didn't convince me, **nor** will yours.

Ni tu amigo va a reconocer tu disfraz. **Not even** your friend will recognize your disguise.

*Ni el policía **ni** el asaltador resultaron heridos.* **Neither** the policeman **nor** the assailant was hurt.

*Esa respuesta no es correcta **ni tampoco** esa otra.* That answer is not right and **neither** is that other one.

***Ni siquiera** te molestaste en saludarme.* You did **not even** bother to greet me.

***Ni** vino **nadie** a buscarte.* **Nor** did **anyone** come looking for you.

CHAPTER 20

Numerals

20.1 Cardinal and Ordinal Forms of Numerals

The cardinal and ordinal forms of numbers in Spanish are as follows:

Cardinal Numbers

1	*uno/a*	17	*diez y siete*
2	*dos*	18	*diez y ocho*
3	*tres*	19	*diez y nueve*
4	*cuatro*	20	*veinte*
5	*cinco*	30	*treinta*
6	*seis*	40	*cuarenta*
7	*siete*	50	*cincuenta*
8	*ocho*	100	*cien(to)/a*
9	*nueve*	101	*ciento uno*
10	*diez*	200	*doscientos/as*
11	*once*	500	*quinientos/as*
12	*doce*	700	*setecientos/as*
13	*trece*	900	*novecientos/as*
14	*catorce*	1000	*mil*
15	*quince*	1,000,000	*un millón*
16	*diez y seis*		

Note: The cardinal numbers from 16 to 29 may be written together: *dieciséis, diecisiete, dieciocho, diecinueve, veintiuno, veintinueve.* Beyond 30, cardinal numbers are written: *treinta y uno, treinta y dos,* etc.

Ordinal Numbers

1	*primero*	6	*sexto*
2	*segundo*	7	*séptimo*
3	*tercero*	8	*octavo*
4	*cuarto*	9	*noveno (nono)*
5	*quinto*	10	*décimo*

20.2 Cardinal Numbers

a) Only *uno* and the compounds of *cien(to)* (such as 200, 210, 500, 300,001, etc.) are variable. All other cardinal numbers are invariable. *Uno* drops the final *"o"* in front of masculine nouns; *cien* is preferred over *ciento* except in front of another numeral **that is not *mil*** or ***millón:***

*Un hombre, sólo **uno** sabe el secreto.* **One** man, only **one** knows the secret.

*Una mujer casada y **unas** monjas están hablando.* **A** married woman and **some** nuns are talking.

Note that the cardinal number *uno* is the same as the indefinite article.

*Cien mil soldados lucharon en la batalla; sólo **ciento** veinte murieron.* **One hundred** thousand soldiers fought in the battle; only **one hundred** and twenty died.

*Enviamos **quinientas** invitaciones.* We sent out **five hundred** invitations.

b) *Cien* and *mil* do not take (as in English) the indefinite article but *millón* does. *Millón* is also followed by the preposition *de:*

*Me gané **un millón de** dólares pero tengo **mil** deudas.* I won **a million** dollars, but I have **a thousand** debts.

20.3 Ordinal Numbers

a) Ordinal numbers are variable in gender and number:

*Eres la **cuarta** persona que me pregunta lo mismo.* You are the **fourth** person to ask me the same thing.

*Los **primeros** en irse fueron los últimos en llegar.* The **first** to leave were the last to arrive.

b) *Primero* and *tercero* drop their final *"o"* in front of masculine singular nouns:

*el **tercer** ojo* – the **third** eye
*el **primer** chico* – the **first** boy

c) Ordinal numbers precede the noun except when referring to kings, dukes, popes, or some other kind of succession:

*Juan Carlos **Primero** es el rey de España.* Juan Carlos **I** is the king of Spain.

*Juan Pablo **Segundo** es el Papa.* John Paul **II** is the Pope.

d) Usage dictates that after *décimo* no more ordinal numbers are used; they are replaced by cardinal numbers situated after the noun:

*La **décima** carrera fue más emocionante que la (carrera) **once**.* The **tenth** race was more exciting than the **eleventh** (race).

112

*España no tuvo un rey llamado Pedro **Quince***. Spain did not
have a king named Pedro **the Fifteenth**.

Note: The definite article (the) is omitted before the number in
Spanish.

20.4 Dates

Contrary to English usage, **cardinal** numbers are used to indicate dates **except in the case of the first of the month**:

*el **primero** de mayo* – the first of May
*el **dos** de mayo* – the second of May
*el **tres** de mayo* – the third of May
*el **diez** de mayo* – the tenth of May
*el **treinta** de mayo* – the thirtieth of May

The year may be added to these dates by inserting the preposition *de:*

*el tres de octubre **de** 1951* – October 3, 1951
*el veinte de abril **de** este año* – April 20th of this year

In dating letters the definite article is omitted.

It's common to replace *de este año* by *del corriente* (of the cur-
rent year):

el veintiocho de febrero del corriente – February 28th of this
year

What day is today? may be rendered literally as *¿Qué día es
hoy?* or idiomatically as *¿A cómo estamos (hoy)?* The latter expression implies a date as an answer, not just the day of the week:

¿A cómo estamos? Estamos a trece de junio. What's the date? It
is June 13th.

¿Qué día es hoy? Hoy es lunes. What day is today? Today is
Monday.

113

20.5 Arithmetical Signs

+   *más*
−   *menos*
×   *por*
÷   *dividido por*

2 + 2 is *dos **más** dos;* 10 ÷ 5 is *diez **dividido por** cinco;* 3 × 3 is *tres **por** tres.*

20.6 Collective Numerals

un par – a pair
una decena – ten
una docena – a dozen
*una quincena** – fifteen, two weeks
una veintena – twenty
una centena (un centenar) – hundred
un millar – thousand

*Pagan cada **quincena**.* They pay every **two weeks**.

*El libro tiene una **centena** de poemas.* The book has **one hundred** poems.

*Un **millar** de personas.* A **thousand** people.

* Unlike in English, two weeks in Spanish has the equivalent of 15 days, not 14, because Sunday is counted three times.

Note: *Quincenal* is an adjective made from *quincena.* Other similar numerical adjectives are *semanal* (weekly), *mensual* (monthly), *semestral* (half-yearly), and *anual* (yearly).

*Una publicación **quincenal**.* A **bi-weekly** publication.

*Una revista **semestral**.* A **half-yearly** magazine.

114

20.7 Fractions

1/2	*un medio*	*1/3*	*un tercio*
1/4	*un cuarto*	*1/5*	*un quinto*
1/6	*un sexto*	*1/7*	*un séptimo*
1/8	*un octavo*	*1/9*	*un noveno*
1/10	*un décimo*		

Two-thirds is either *dos tercios* or *las dos terceras partes*; three-fourths is either *tres cuartos* or *las tres cuartas partes*.

Un medio is only used in arithmetical calculations; the adjective meaning "half" is *medio/a;* the noun meaning "half" is *la mitad:*

*Trabajamos sólo **medio** día hoy.* Today we only worked **half** a day.

***La mitad** del electorado no votó.* **Half** of the electorate did not vote.

CHAPTER 21

Basic Vocabulary

21.1 Fundamental Spanish Words

This chapter lists some fundamental Spanish words with their English translations. These words do not include cognates or idioms and are grouped thematically. An effort has been made to exclude words defined somewhere else in this book unless they firmly belong under the rubrics used. The definite articles indicate each word's gender.

The Family – *La Familia*

el bisabuelo – great-grandfather
la bisabuela – great-grand-
  mother
el abuelo – grandfather
la abuela – grandmother
el padre – father
la madre – mother
el tío – uncle

la tía – aunt
el hermano – brother
la hermana – sister
el hijo – son
la hija – daughter
el nieto – grandson
la nieta – granddaughter
el sobrino – nephew
la sobrina – niece

Colors – *Los Colores*

el azul – blue
el rosa (rosado) – pink
el rojo (colorado) – red
el marrón (pardo, café) – brown

el negro – black
el blanco – white
el amarillo – yellow
el morado (violeta) – purple

Food – *La Comida*

el arroz – rice
el plátano – plantain, banana
el pan – bread
el agua – water
la mantequilla – butter
el queso – cheese
las aceitunas – olives
el vino – wine
la carne – meat
el tocino – bacon
el jamón – ham
el pescado – fish
el café – coffee
la leche – milk
la cerveza – beer

la ensalada – salad
las verduras (las legumbres) – vegetables
la lechuga – lettuce
la espinaca – spinach
el choclo (maíz) – corn
las papas (patatas) – potatoes
el postre – dessert
la torta – cake
la manzana – apple
la pera – pear
el durazno – peach
las uvas – grapes
la sandía – watermelon
las fresas – strawberries

The Professions – *Las Profesiones*

el ingeniero – engineer
el médico – physician
el cirujano – surgeon
el enfermero – nurse
el abogado – lawyer
el técnico – technician
el químico – chemist
el físico – physicist
el juez – judge
el periodista – journalist
el policía – policeman
el sastre – tailor
el hombre de negocios – businessman

el mecánico – mechanic
el agricultor – farmer
el vendedor – salesman
el dependiente – store clerk
el jefe – boss
el cartero – mailman
el locutor – announcer
el cantante – singer
el cineasta – film director ("auteur") or producer
el político – politician
el mecanógrafo – typist

Animals – *Los Animales*

el perro – dog
el gato – cat
el ciervo (venado) – deer
la oveja – sheep
la cabra – goat
la vaca – cow
el cerdo (chancho, puerco, marrano) – pig
el caballo – horse
el toro – bull
el conejo – rabbit

la tortuga – turtle
el ratón – mouse
la ardilla – squirrel
el pájaro – bird
el gallo – rooster
la gallina – hen
el pollo – chicken
el pavo – turkey
el pez (pescado) – fish
el tiburón – shark
la ballena – whale

City Life – *La Vida Urbana*

la calle – street
el callejón – alley
la bocacalle – intersection
la avenida – avenue
el centro – downtown
la plaza de estacionamiento – parking lot
estacionarse – to park
el ómnibus (autobús; microbús; la guagua, in Cuba; *el camión,* in Mexico) – bus
el subterráneo (el metro) – subway

la plaza – square
la acera (vereda) – sidewalk
el cine – moviehouse
el jardín – garden
manejar (conducir, guiar) – to drive
el edificio – building
la puerta – door
la ventana – window
la entrada – entrance, lobby
el ascensor – elevator
las escaleras – stairs

Common Activities – *Actividades Comunes*

nacer – to be born
morir – to die
beber (tomar) – to drink
emborracharse – to get drunk
comer – to eat
dormir – to sleep

soñar – to dream
levantarse (pararse) – to get up
sentarse – to sit down
caminar (andar) – to walk
detenerse (pararse) – to stop
subir – to go up

bajar – to go down
regresar (volver) – to return
salir – to go out
viajar – to travel
hablar (conversar) – to talk
callar – to be silent

comprar – to buy
vender – to sell
deber – to owe
cansarse – to grow (get) tired
enfadarse (enojarse, molestarse)
   – to get angry

Sports – *Los Deportes*

nadar – to swim
la pesca – fishing
el alpinismo – mountain climb-
   ing

el paracaidismo – parachuting
el fútbol – soccer
el árbitro – referee

Technology – *La Tecnología*

el ordenador – computer
el disco duro – hard disk
el disco flexible – floppy disk
el teclado – keyboard
la impresora – printer

el, la radio – radio
el televisor – TV set
la televisión – television
el tocadiscos – record player
la grabadora – tape recorder

Parts of the Body – *Las Partes del Cuerpo*

la cabeza – head
el cabello (pelo) – hair
la frente – forehead
la oreja – ear
la nariz – nose
el ojo – eye
la boca – mouth
el diente – tooth
la lengua – tongue
el labio – lip
las pestañas – eyelashes
los párpados – eyelids
el cuello – neck
los hombros – shoulders
la espalda – back

el pecho – chest
los brazos – arms
el codo – elbow
la muñeca – wrist
la mano – hand
los dedos – fingers
las uñas – fingernails
la cintura (el talle) – waist
los muslos – thighs
las caderas – hips
los músculos – muscles
la rodilla – knee
el tobillo – ankle
el talón – heel

Domestic Objects– *Los Objetos Domésticos*

la lámpara – lamp
el sillón – armchair
el velador – night table
la cama – bed
la sala – living room
la silla – chair
la mesa – table
el comedor – dining room
el dormitorio (la alcoba) –
    bedroom
la cómoda (el tocador) – dresser
el patio – yard
el jardín – garden
la cocina – kitchen
el refrigerador, la heladera
    (nevera) – refrigerator

los vasos – glasses
las tazas – cups
el horno – oven; furnace
la (el) microondas – microwave
    oven
el techo – roof; ceiling
la chimenea – fireplace;
    chimney
el baño – bathroom
el espejo – mirror
el lavatorio – sink
la bañera – bathtub
la ducha – shower
la toalla – towel
el grifo (la llave) – tap
el conmutador – (light) switch

GLOSSARY

acera, vereda – sidewalk
adiós, hasta luego – good-bye
aerolinea – actress
afeitar(se) – to shave
alegría – joy
amor – love
anillo – ring
anteojos, gafas, espejuelos – eyeglasses
arena – sand
auto, automóvil, coche, carro – car
avión – airplane
azul – blue

barba – beard
bastante – enough
bien – well
blanco – white
boda, casamiento – wedding
bote, barca, barco – boat
bueno – good

caer(se) – to fall
café – coffee
caja – box
calcetines, medias – socks
callado – quiet
calle – street
cambiar – to change
caminar, andar – to walk
camisa – shirt

carta – letter
cartero – mailman
cerca – near
chaqueta, saco – coat
chico, pequeño – small
ciego – blind
clavo – nail
colegio, escuela – school
comprar – to buy
correr – to run
corto, bajo – short
crecer, cultivar – to grow
creer – to believe
cuadro – painting
cumpleaños – birthday

débil – weak
decepción – disappointment
descansar – to rest
día – day
Día de Acción de Gracias – Thanksgiving
dibujo – drawing
Dios – God
duro, difícil – hard

edificio – building
embarazada – pregnant
enviar, mandar – to send
escalera – stair
escritorio – desk
esperanza – hope
esperar, aguardar – to wait
esposa – wife
estacionar(se) – to park
estrella – star

familia – family
fantástico – adj. – fantastic

feliz, contento – happy
florero, jarrón – vase
fuego – fire
fuerte – strong

ganar – to win
grande – big, large
granja – farm

hierro – iron
humo – smoke

irse, partir – to leave

jugar – to play

lápiz – pencil
largo – long
leer – to read
lejos – far
levantarse – to get up
libro – book
limpio – clean
llegar – to arrive
luna – moon

madera – wood
malo, mal – bad
mañana – morning
máquina – machine
mar – sea
marido, esposo – husband
médico, doctor – physician
mercado – market
mesa – table
miedo – fear
mirar – to look

montaña – mountain
morir – to die
mover(se), mudarse – to move
muchedumbre – crowd
muerte – death

nacer – to be born
nacimiento – birth
nadar – to swim
Navidad(es) – Christmas
negocio – business
negro – black
noche – night

observar, vigilar – to watch
odiar – to hate
oír, escuchar – to hear
olvidar – to forget
oro – gold

pantalones – pants
papel – paper
pararse, ponerse de pie, levantarse – to stand
peinarse – to comb (one's hair)
pelo, cabello – hair
pensar – to think
perder – to lose
periódico, diario – newspaper
pesadilla – nightmare
plata – silver
playa – beach
policía – policeman

recordar – to remember
reloj – watch
río – river
rojo, colorado – red

ruido – noise

sábanas – sheets
saber, conocer – to know
salud – health
saludar – to greet
sentarse – to sit
silla – chair
sobre – envelope
sol – sun
soldado – soldier
sonrisa – smile
sucio – dirty
sueño – dream

trabajar – to work
tren – train
triste – sad

vacaciones – vacation
vecindario – neighborhood
vecino – neighbor
vender – to sell
ver – to see
vestirse – to dress (oneself)
viajar – to travel
viejo, antiguo – old
viento – wind

yerno – son-in-law

zapatos – shoes

REA's Test Preps
The Best in Test Preparation

- REA "Test Preps" are **far more** comprehensive than any other test preparation series
- Each book contains up to **eight** full-length practice tests based on the most recent exams
- **Every** type of question likely to be given on the exams is included
- Answers are accompanied by **full** and **detailed** explanations

REA publishes over 70 Test Preparation volumes in several series. They include:

Advanced Placement Exams (APs)
Art History
Biology
Calculus AB & BC
Chemistry
Economics
English Language & Composition
English Literature & Composition
European History
French Language
Government & Politics
Latin
Physics B & C
Psychology
Spanish Language
Statistics
United States History
World History

College-Level Examination Program (CLEP)
Analyzing and Interpreting Literature
College Algebra
Freshman College Composition
General Examinations
General Examinations Review
History of the United States I, II
Introduction to Educational Psychology
Human Growth and Development
Introductory Psychology
Introductory Sociology
Precalculus
Principles of Management
Principles of Marketing
Spanish
Western Civilization I, II

SAT Subject Tests
Biology E/M
Chemistry
French
German
Literature
Mathematics Level 1, 2
Physics
Spanish
United States History

Graduate Record Exams (GREs)
Biology
Chemistry
Computer Science
General
Literature in English
Mathematics
Physics
Psychology

ACT - ACT Assessment

ASVAB - Armed Services Vocational Aptitude Battery

CBEST - California Basic Educational Skills Test

CDL - Commercial Driver License Exam

CLAST - College Level Academic Skills Test

COOP & HSPT - Catholic High School Admission Tests

ELM - California State University Entry Level Mathematics Exam

FE (EIT) - Fundamentals of Engineering - AM Exam

FTCE - Florida Teacher Certification Examinations

GED - (U.S. Edition)

GMAT - Graduate Management Admission Test

LSAT - Law School Admission Test

MAT - Miller Analogies Test

MCAT - Medical College Admission Test

MTEL - Massachusetts Tests for Educator Licensure

NJ HSPA - New Jersey High School Proficiency Assessment

NYSTCE - New York State Teacher Certification Examinations

PRAXIS PLT - Principles of Learning & Teaching Tests

PRAXIS PPST - Pre-Professional Skills Tests

PSAT/NMSQT

SAT

TExES - Texas Examinations of Educator Standards

THEA - Texas Higher Education Assessment

TOEFL - Test of English as a Foreign Language

TOEIC - Test of English for International Communication

USMLE Steps 1,2,3 - U.S. Medical Licensing Exams

If you would like more information about any of these books,
complete the coupon below and return it to us or visit your local bookstore.

Research & Education Association
61 Ethel Road W., Piscataway, NJ 08854
Phone: (732) 819-8880   **website: www.rea.com**

Please send me more information about your Test Prep books.

Name _____

Address _____

City _____ State _____ Zip _____
